让孩子越玩越聪明的366个经典益智游戏

阿卡狄亚◎编著

知识出版社

图书在版编目（C I P）数据

让孩子越玩越聪明的366个经典益智游戏 / 阿卡狄亚编著. -- 北京 : 知识出版社，2015.1

ISBN 978-7-5015-8375-1

Ⅰ. ①让… Ⅱ. ①阿… Ⅲ. ①智力游戏－少儿读物 Ⅳ. ①G898.2

中国版本图书馆CIP数据核字（2015）第005240号

让孩子越玩越聪明的366个经典益智游戏

出 版 人　姜钦云
责任编辑　李易飏　万　卉
封面设计　阿卡狄亚·王晶
出版发行　知识出版社
地　　址　北京市西城区阜成门北大街17号
邮　　编　100037
电　　话　010-88390659
印　　刷　永清县晔盛亚胶印有限公司
开　　本　710mm×1000mm　1/16
印　　张　10.75
字　　数　110千字
版　　次　2015年1月第1版
印　　次　2017年8月第2次印刷
书　　号　ISBN 978-7-5015-8375-1
定　　价　29.00元

目录

第一部分　观察思考谜题

第二部分　逻辑推理谜题

第三部分　数字运算谜题

第四部分 语言文字谜题

第五部分 科学常识谜题

第六部分 创新分析谜题

第七部分　综合思维谜题

第一部分　观察思考谜题

1. 高斯拼图

有一天，一个自称是天才的狂妄青年找到了“数学王子”高斯，青年扬言要出一道题，肯定会把高斯难倒。他拿出了6块零散的拼图（如下图所示），让高斯在其中选出2块，拼成图形甲。高斯很快就发现了其中的诀窍，而且还想到了3种拼法，使那个狂妄的青年佩服得五体投地。

小朋友，你知道高斯是怎样拼出来的吗？

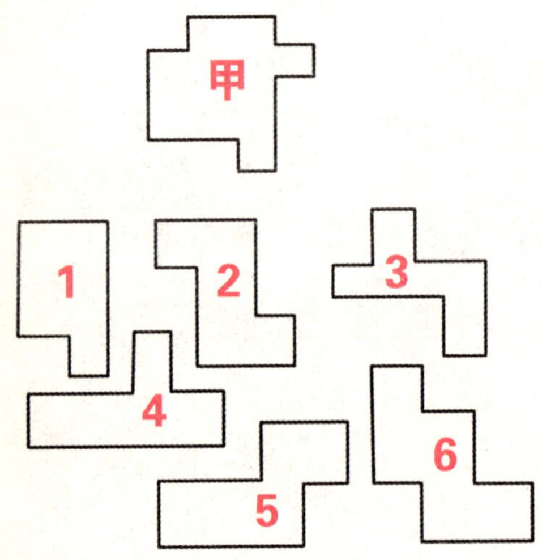

2. 猜点数

下面有4个骰子，仔细观察一下，然后猜出问号处的点数。

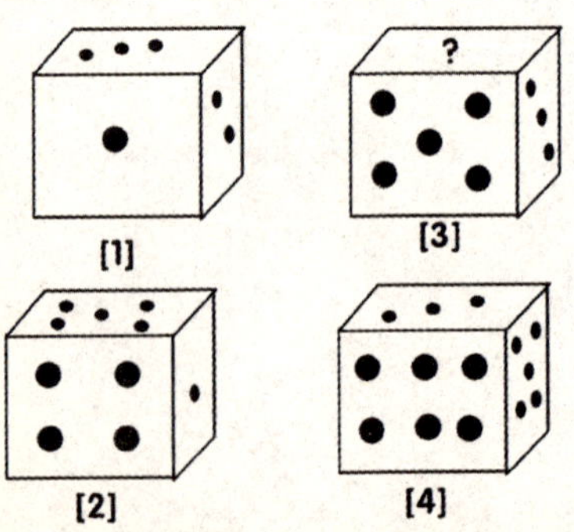

3. 数正方形

下图是一组重叠在一起的正方形，你能不能以最快的速度数出里面一共有多少个正方形呢？

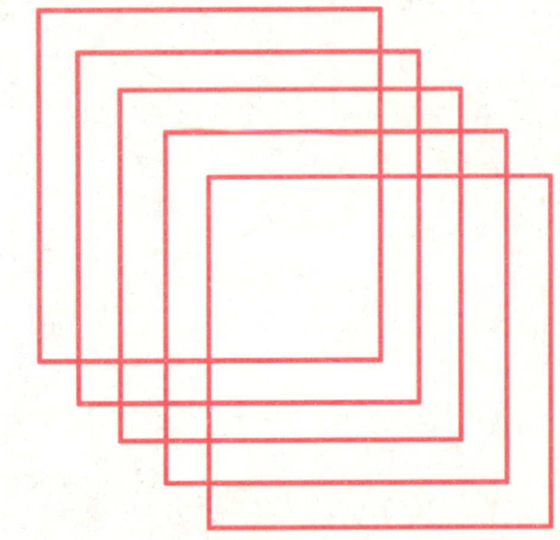

4. 金字塔阵

根据金字塔中的图形规律，如下图所示，请你说出图中塔尖问号处的图形应该是A~D中的哪一个？

5. 分月牙

下面是一个月牙状的图形，请你只用2条直线，就把它分成6个部分，来动手试试吧。

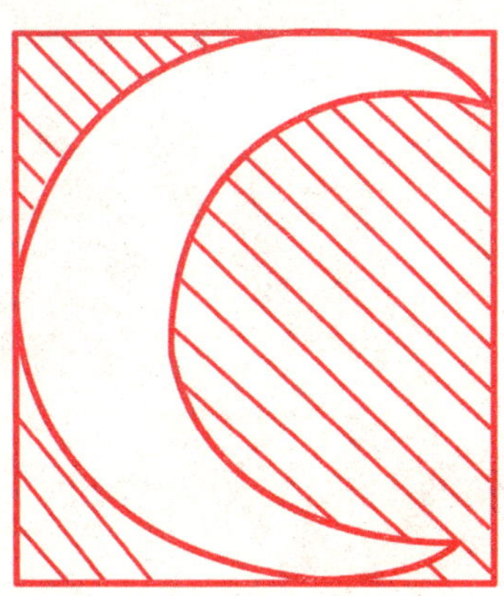

6. 钓鱼

甲、乙、丙、丁4个好朋友相约来到河边钓鱼，但是，只有一个人钓到了一条鱼。另外3个人分别钓到了一个钱袋、一只箱子、一把钥匙。你能根据下面的图，准确地找出他们各自钓到了哪些东西吗？

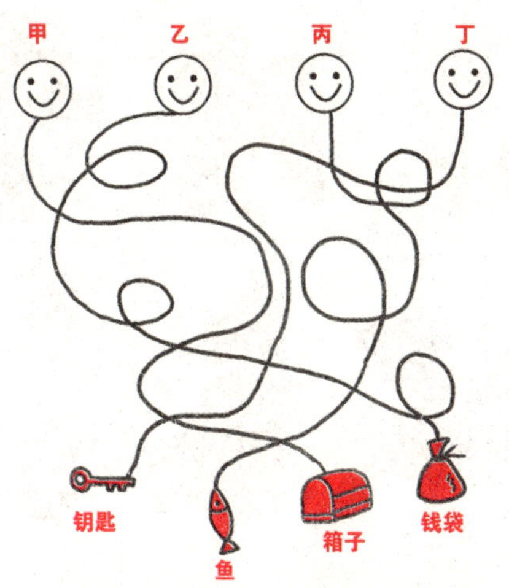

7. 数三角形

请你以最快的速度数出下面这幅图中有多少个三角形。

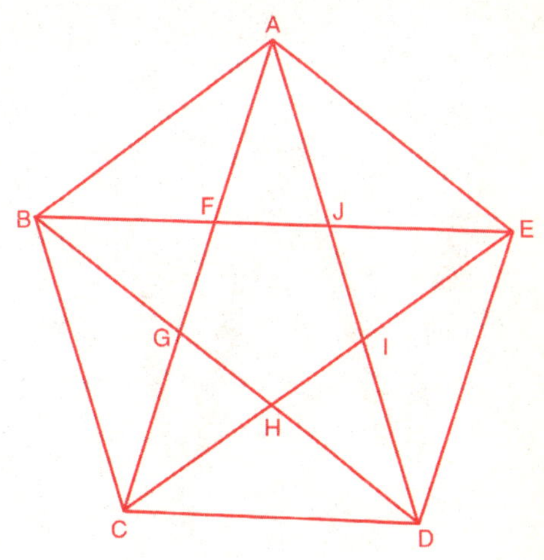

8. 平分油田

一天，3个很要好的兄弟找到一块油田，决定将其平分后各自开采。但是，这块油田的形状并不是规则的（如图所示）。他们想来想去，都没有想到一个平分它的好办法。小朋友，你能帮助他们平分这块油田吗？

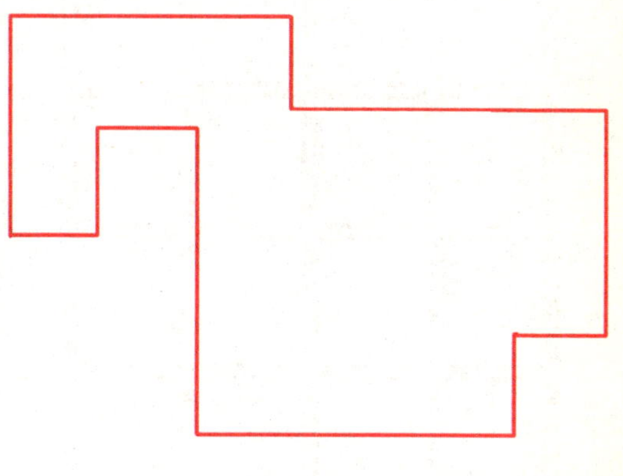

9. W变三角

请你在大写字母“W”上画3条直线，使画出来的三角形的数量最多，想一想，应该怎样画呢？

10.隐藏正方形

如图所示，用40根火柴组成了一个有16个小方格的大正方形，大正方形里有小正方形，这些正方形加起来一共有30个。现在请问，你能不能挪走其中的9根火柴，从而使这些正方形全部消失呢？

11.巧拼七巧板

这是一个经典的小游戏，图中的4块小拼板可以拼出大写字母“T”，小朋友，你知道该怎样拼吗？

12.剪纸拼图

仔细观察下面的6个图形，然后将它们各剪一刀，再逐个拼成一个正方形。你能办到吗？

13. 看图走房间

这是一幅从办公室的上方看到的办公室平面图。请仔细观察这幅图，然后想一想，你能不能只转两次，就通过所有的房间。

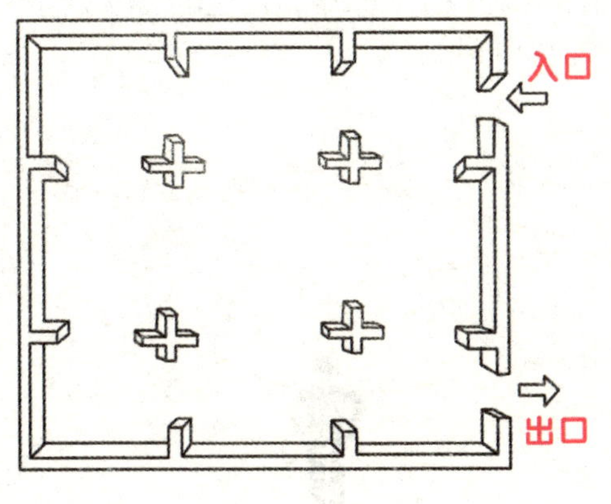

14. 重叠的面积

有一个边长为4厘米的正方形和一个直角三角形重叠。直角三角形的顶点正好位于正方形的中心点上，如下图所示。小朋友，你能不能测出这两个图形的重叠部分的面积呢？

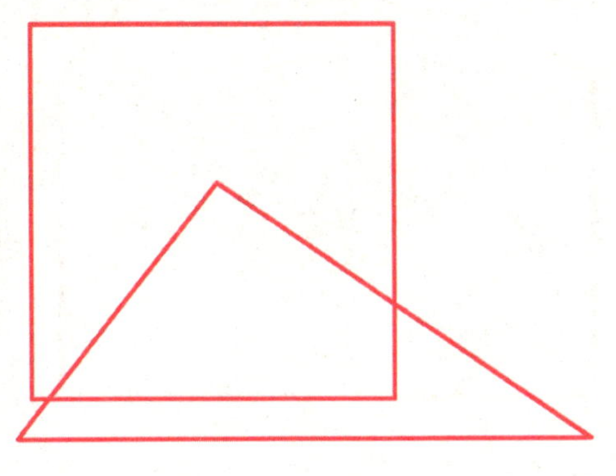

15. 巧移瓶子

这是一道非常简单的“移动”问题。图1中有3只瓶子，现在，要求你只移动其中的1只瓶子，并使瓶口朝下，就将它变成图2的排列方式，你能办到吗？

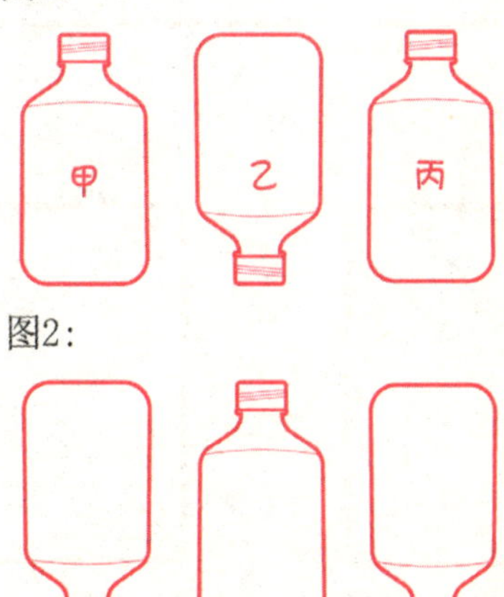

16. 几何图形

仔细观察下面的3个图形，并说出图1中有几个梯形；图2中有几个正方形；图3中有几个四边形。

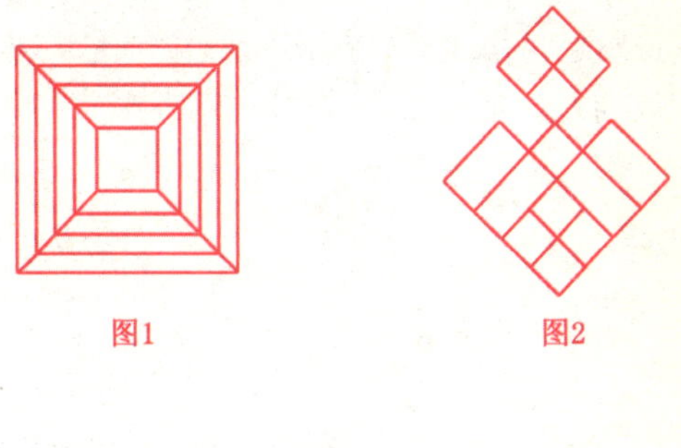

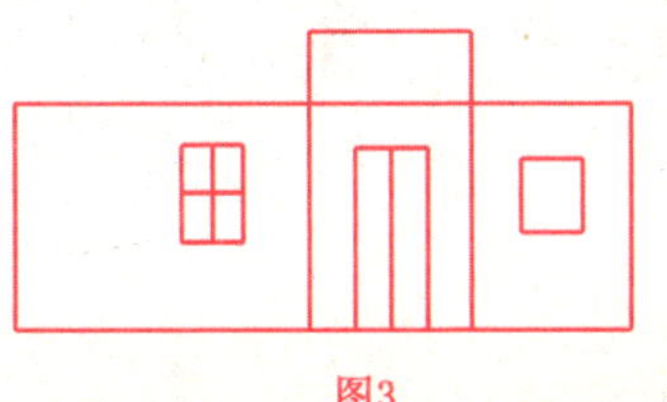

17. 分土地

一天，老财主找到了阿凡提，让他将一块“工”字形的土地分成大小和形状均相同的4等份。阿凡提开动脑筋，只想了一会儿，就想到了答案。小朋友，你知道阿凡提是怎样将土地分成4等份的吗？

18. 小鱼转身

如下图所示，先用8根火柴摆成一个鱼头的形状，再移动其中的4根，让小鱼的头转向相反的方向。小朋友，你能办到吗？

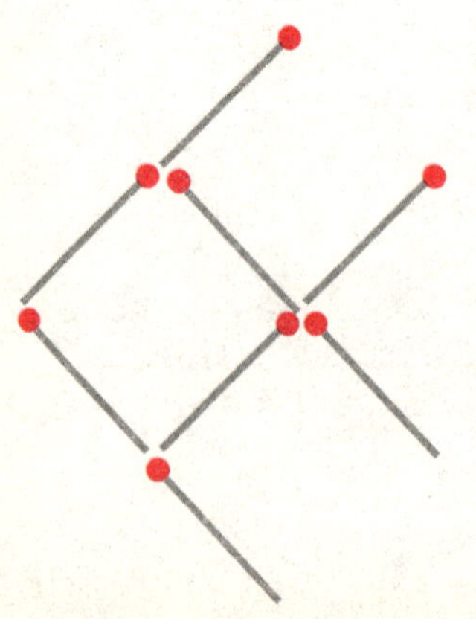

19. 巧走每个角

有一个如下图所示的建筑物，一个人可以沿着建筑物的边攀爬，但他不愿意重复自己走过的路，也不愿意经过同样的一个地方两次。请问，你能不能在遵从他意愿的基础上，帮他找出一条路，使他走过每个角恰好一次？

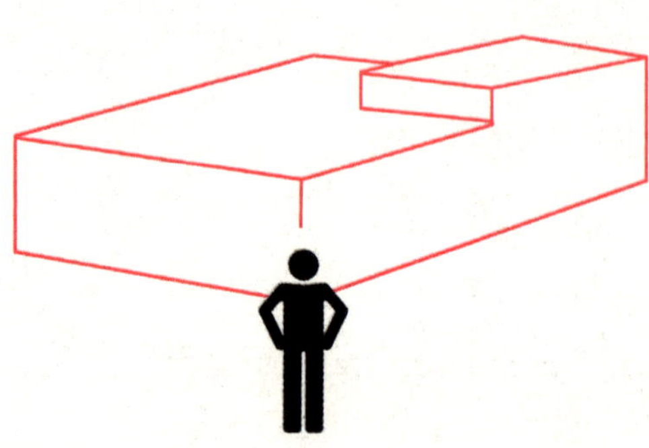

20. 一笔分成

下面这个简单的图形，完全可以只用一条直线就将其分成两个三角形。小朋友，你知道该怎样分吗？赶紧动手试试吧！

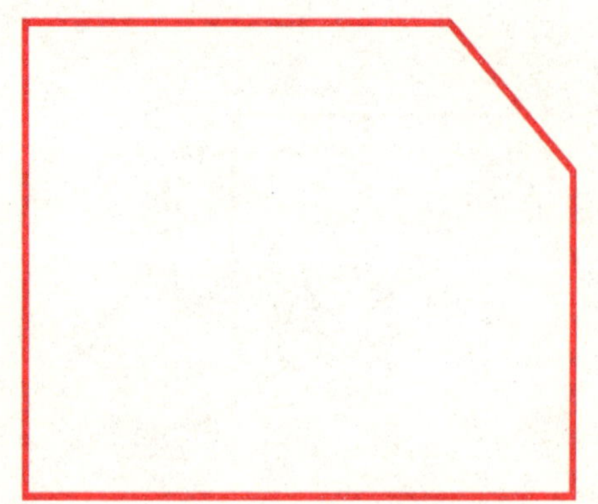

21.谁最高

甲、乙、丙3个人比谁的个子最高，3个人身高如图所示。仔细观察下面这幅图，然后说说他们谁最高。

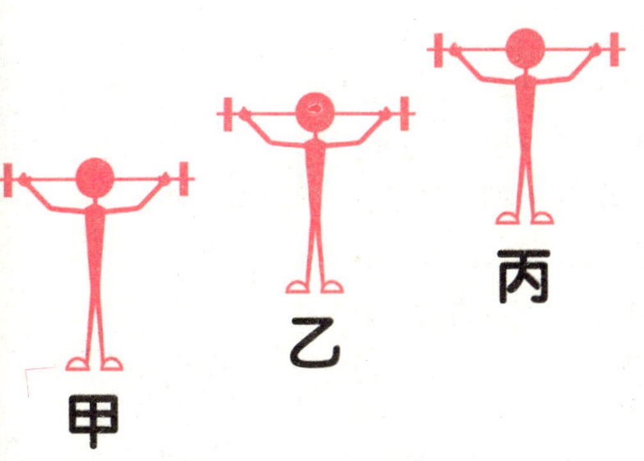

22.走池塘

如图所示，一个池塘里养了很多鱼，饲养员每天都要到每个池塘里给鱼投喂饲料。小朋友，你能不能帮饲养员找出一条最佳的喂鱼路线呢？

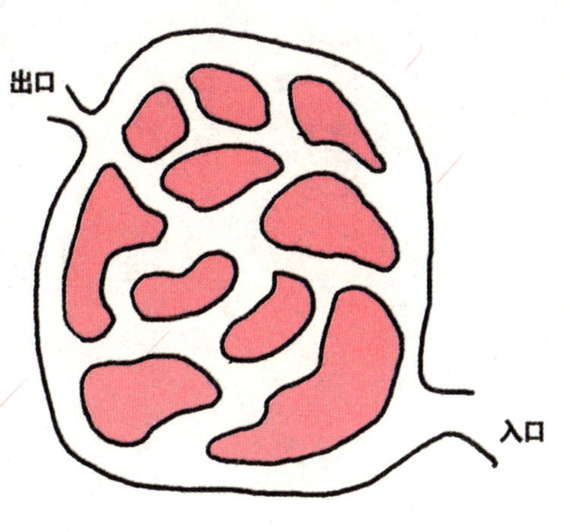

23.蜘蛛与蜘蛛网

下面有8组蜘蛛和蜘蛛网，如图所示。其中一组与其余的7组不同，请你将与众不同的那一组找出来。

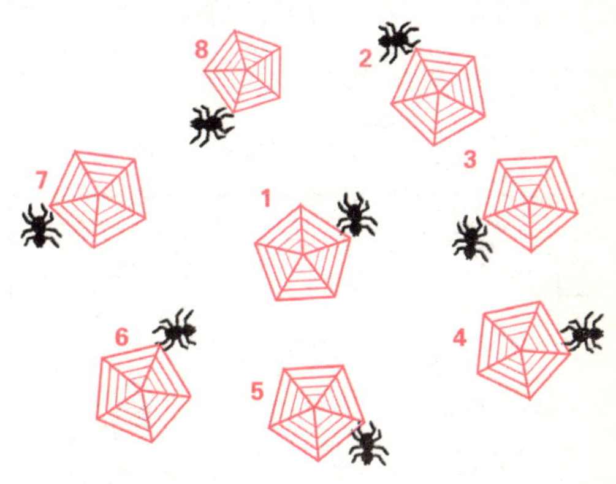

24.魔方图案

仔细观察甲、乙、丙3个魔方，看看哪个魔方的图案与下面平面展开图的图案完全相同呢？

25. 紧急救火

有一个小区失火了，小区保安发现后，立刻拨打119电话求助于消防队。如下图所示，假设消防车上没有水，只能用最快的速度到江里取水，取水后再赶到小区救火。那么，消防队该怎样走，才是最节省时间的路线呢？

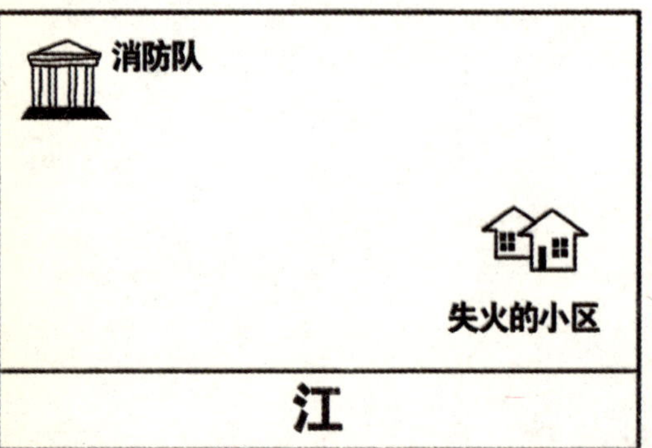

26. 图形变化

如下图所示，如果甲变身为A，那么乙应变身为B、C、D、E中的哪个呢？

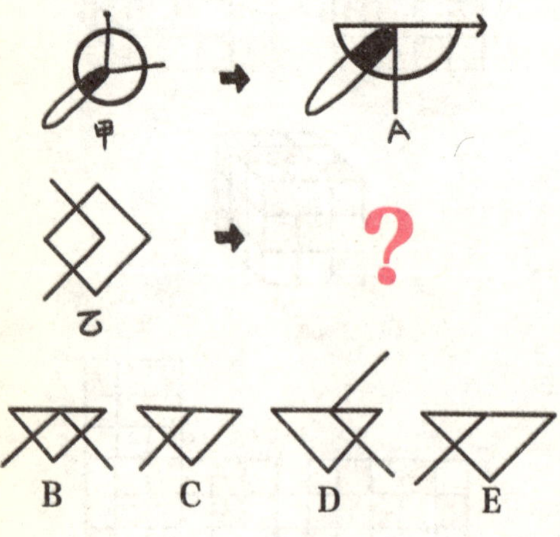

27. 觅路寻宝

如图，下面的11座山峰之间只有唯一的一条道路。一伙人一起寻宝，已知宝藏就在Z山内。这伙寻宝人经研究后决定，大家先在A山集合，然后分头去其他9座山寻找线索，接着把这些线索集中在一起研究。只有这样，才能知道宝藏在Z山的什么地方。结果，小李第一个回来了，并宣布自己找到了宝藏。他在出发之前，巧妙地安排了自己的路线，从A山到达Z山，沿途获得了所有的线索。更值得一提的是，他没有重复走进任何一座山。相比之下，其余的人则一直在走弯路。

请问，你知道小李走的是什么路线吗？

28. 辨字游戏

在下面的汉字中，哪个汉字与其余的差别最大呢？请说出其中的原因。

工 三 上 土 王

29. 变三角形

如下图所示，有两条直线，仔细观察它们，想一想能不能在上面只画上3条直线，就能将图变成10个三角形呢？

30. 填图形

仔细观察下面的图形，找出其中的规律，说出A、B、C、D、E5个图形中，哪一个应该填在图中脸谱的位置？

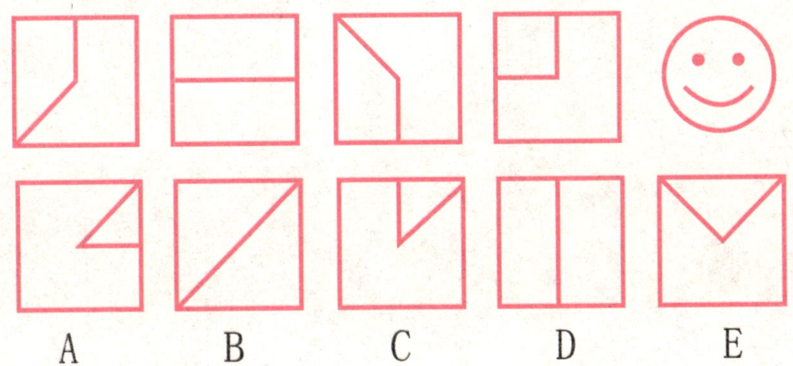

参考答案

.高斯拼图

有3种拼法，其中1、2、3这3块要翻过来
月。如图：

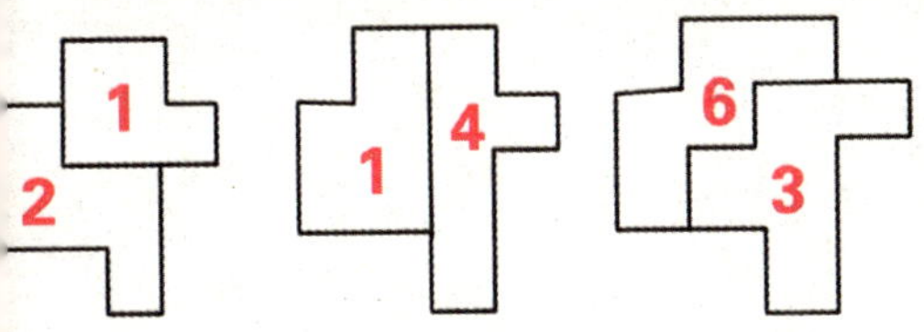

2.猜点数

问号处是6点。

3.数正方形

共计29个正方形。为避免混淆，在计算正方形数量的时候应采用固定顶点的方法进行。从右下角顶点开始，正方形为5 + 4 + 3 + 2 + 1 = 15个；左右两边只占1个格的小正方形为6 + 6 = 12个；左右两边4格的正方形为1 + 1 = 2个。整合一下，即可以得出答案为29个。

4.金字塔阵

C。从倒数第二层开始，每一个六边形都是由位于它下一层的左右两个六边形叠合而成。但只显示不重合的线条。

5.分月牙

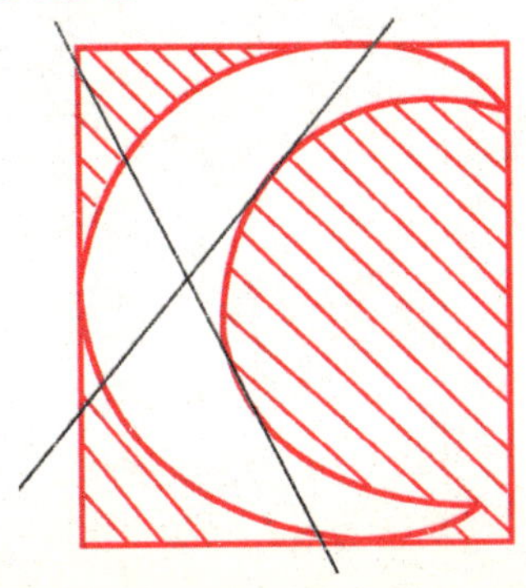

6.钓鱼

甲钓到了箱子，乙钓到了钱袋，丙钓到了鱼，丁钓到了钥匙。

7.数三角形

总共有35个三角形。

为避免重复，我们把各个顶点用A到J共10个字母表示，3个不在一条线上的顶点可以构成一个三角形。我们按照以下方法进行。

以A为起点，共计15个三角形。固定AB线，从顶点C计，有ABC、ABD、ABE、ABF、ABG、ABJ共6个三角形；固定AC线，从顶点D计，有ACD、ACE、ACI共3个三角形；固定AD线，从顶点E计，有ADE、ADG共2个三角形；固定AE线，从顶点F计，有AEF、AEI、AEJ共3个三角形；固定AF线，从顶点G计，有AFJ共1个三角形；固定AG、AH、AI线，均无三角形；

同理，以B为起点，依次固定BC、BD到BJ，得出9个三角形。以C为起点，依次固定CD到CJ，得出6个三角形。以D为起点，依次固定DE到DJ，得出4个三角形。以E为起点，依次固定EF到EJ，得出1个三角形。后面的就没有了。

综合以上结论，得出35个三角形。

8.平分油田

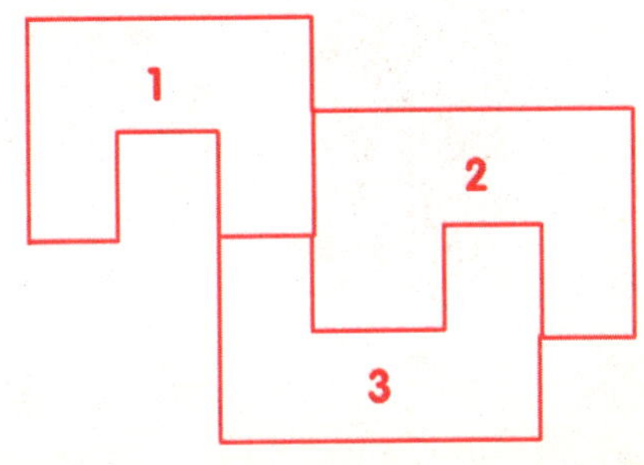

9.W变三角

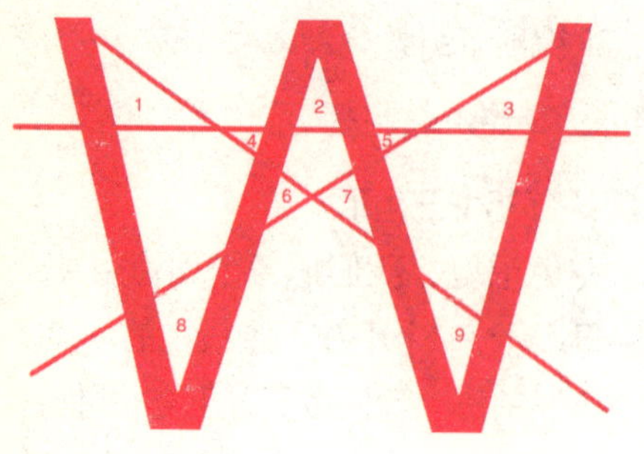

10.隐藏正方形

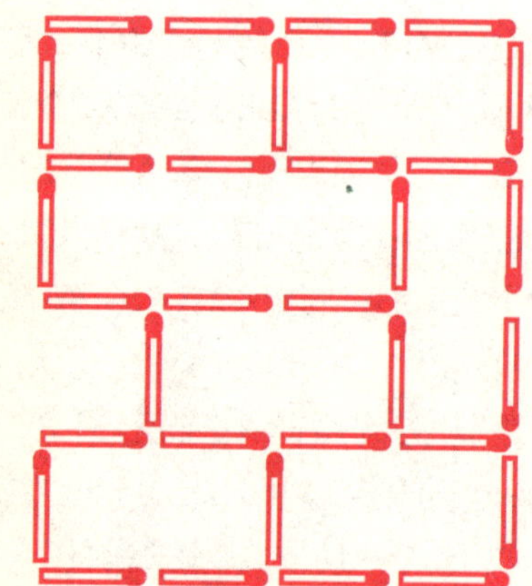

11.巧拼七巧板

12.剪纸拼图

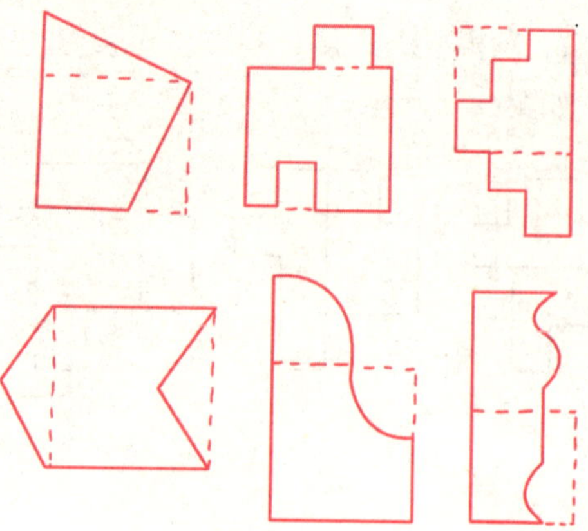

13.看图走房间

如图所示，撞到墙后再转弯。

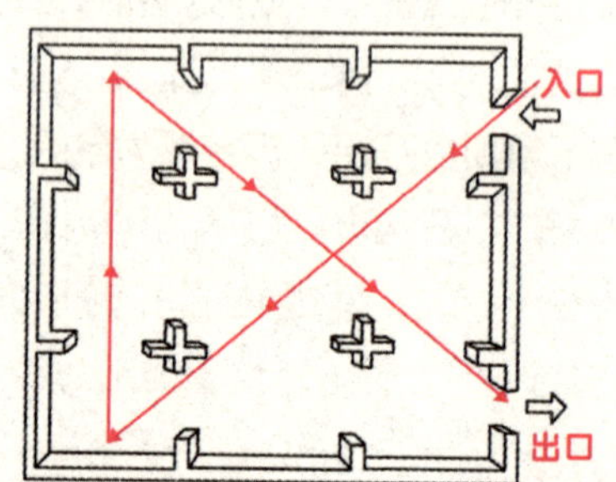

14.重叠的面积

4平方厘米。

15.巧移瓶子

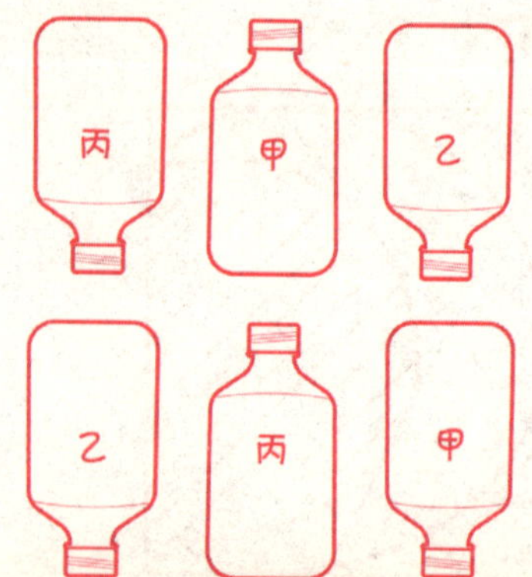

6.几何图形

图1中有40个梯形；图2中有16个正方形；图3中有20个四边形。

7.分土地

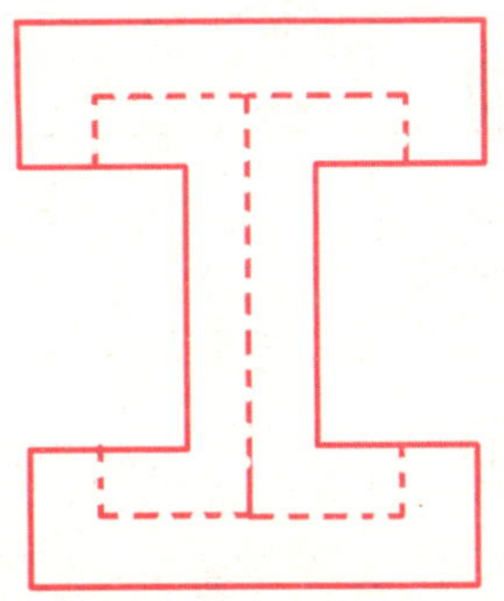

8.小鱼转身

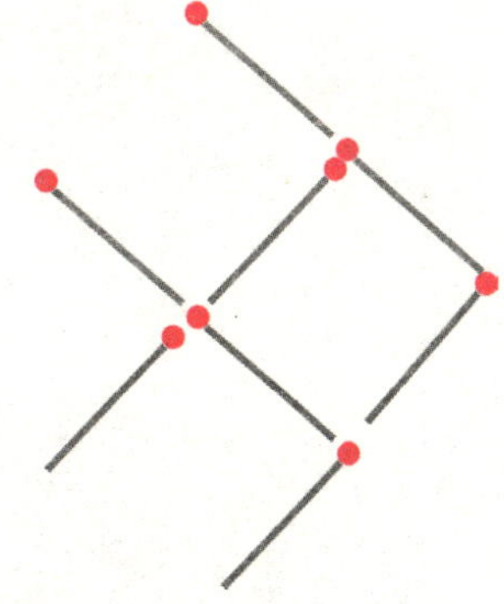

19.巧走每个角

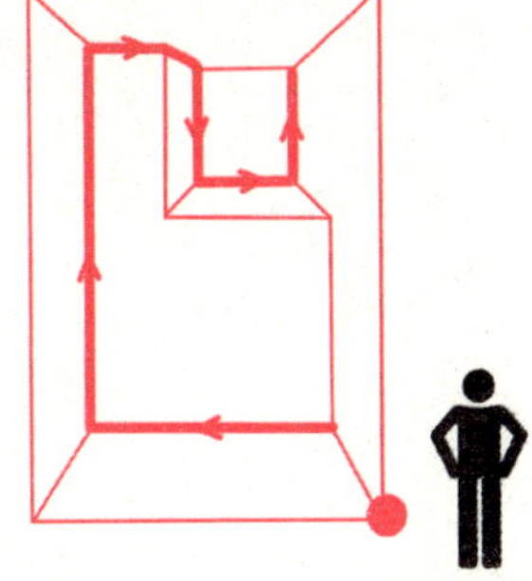

20.一笔分成

只需要拿一根足够粗的笔，画一条直线就将其分成两个三角形了。如图：

21.谁最高

甲最高。

22.走池塘

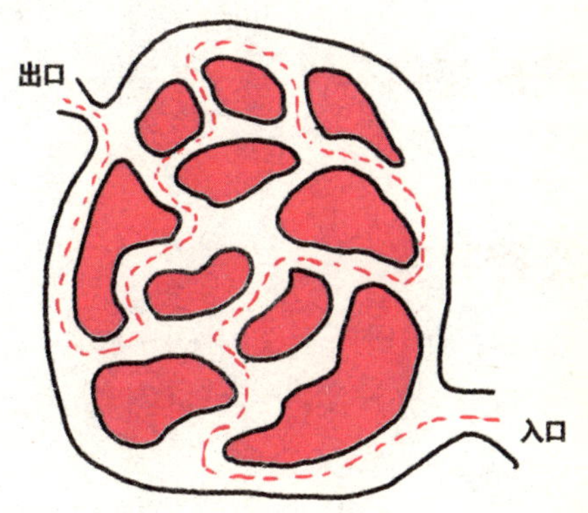

23.蜘蛛与蜘蛛网

第四组与众不同。

从第一组到第三组、第五组到第八组，蜘蛛所在的网的位置是逆时针变换的，而第四组却错误地和第五组所在的位置一致，它本应该在蜘蛛网左下的这条线旁边。

24.魔方图案

丙。

25.紧急救火

如图，设消防队在甲点，失火的小区在乙点，乙相对于河边的对称点在丙点，连接甲和丙，交江边为丁点，则甲——丁——乙为取水救火的最短路线。

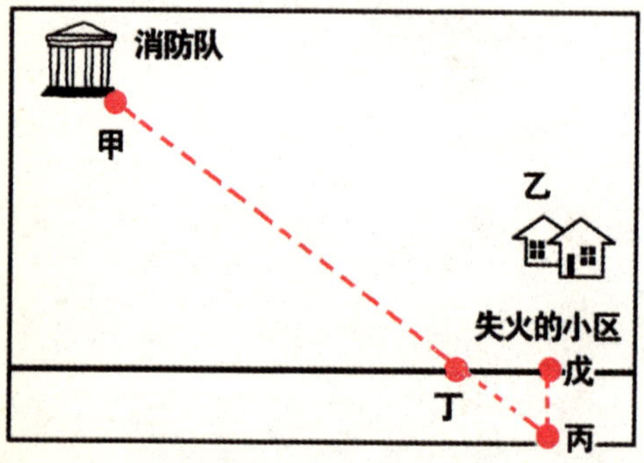

26.图形变化

E。

27.觅路寻宝

他走的路线是：A-G-M-D-F-B-R-W-H-P-Z。只有按这条路线走，才能做到从A山到Z山每个山上走一次而不重复。

28.辨字游戏

“王”与其余4个差别最大，因为其余4个都只有3画，而它有4画。

29.变三角形

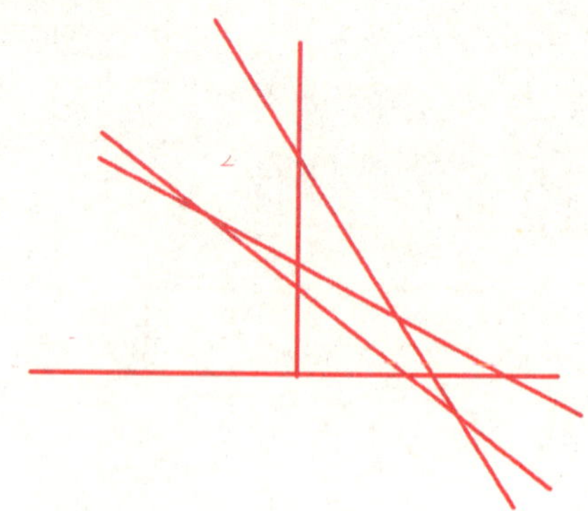

30.填图形

C。

正方形内两条线顺时针转动，一条线转90度，一条线转45度。C符合。

第二部分　逻辑推理谜题

31. 真相

在一个炎热的夏天，王先生向警方报案说，他昨天中午在西区的小路上中暑晕倒了，醒来后发现自己的财物丢了。

根据王先生的回忆和描述，当天的情形是这样的：

中午，他因为迷了路而漫无目的地在小路上走着，因为天气炎热，路上的行人很少。再加上早饭有些不干净，他突然感觉一阵眩晕，意识到自己好像中暑了。在昏昏沉沉中，只看见一团好像是人的物体在他身旁停了下来，开始翻自己的衣兜，他印象中这个人的身高大概有1.90米。还没等他看清，他就晕过去了。

刚巧这时，警方正在附近调查，抓获了一个11岁的小偷，并且怀疑他是惯偷，搜查时在他身上发现了王先生的财物，他也承认自己趁王先生晕倒时拿走了他的财物。但这是一个身高仅有1米的男孩，与王先生说的1.90米之高相差悬殊。

请问：是王先生看错了吗，还是小偷另有其人？

32. 花的秘密

从前，有一个江洋大盗偷来了价值连城的宝石，一时间没有办法脱手，他就把钻石藏到了阳台上自己养的3盆花中的其中一个花盆中。他暗自庆幸：应该没有人会猜到他把宝石藏到了花盆里，就算有人猜到了，也猜不准在哪一盆中。

不久，有一天，大盗出门了，一名侦探偷偷来到盗贼家中。聪明的侦探左右打量，突然，他瞥见了阳台上的花盆，一眼就判断出来宝石藏身之处。

后来，大盗很纳闷：“明明有3盆花，你怎么那么容易就判断正确呢？”

侦探笑了笑，说：“因为这一盆不一样啊，它正面对着我，开心地笑呢！”

大盗立刻意识到自己的疏忽，才露出这么大的破绽。

花有什么秘密呢？它真的会笑么？

33. 推算循环比赛结果

A、B、C、D、E5支球队进行排球比赛，每队互赛一场进行循环赛。比赛结果如下：

A队：2胜2败；

B队：0胜4败；

C队：1胜3败；

D队：4胜0败。

小朋友，你能根据比赛结果猜出E队的成绩吗？

34. 都是做什么的呢

在一次聚会上，苏三遇到了约翰、麦克和彼得3个人。他很想知道这3个朋友分别是做什么工作的，但这3个人只提供了下面的信息：3个人中的一位是教师，一位是工程师，一位是运动员；彼得比运动员的年龄大，约翰和工程师是不同的年龄，工程师比麦克的年龄要小。那么，你能推算出他们3人分别是做什么的呢？

35. 来自何处

已知，有5位游客来自5个不同的城市：罗马、新德里、费城、华盛顿和巴西利亚。你能根据下面的叙述，判断出他们分别来自哪里么？

甲：我曾到过北美洲，但还没有去过南美洲。下个月我准备去罗马旅游。

乙：去年我曾在费城待了一段时间，下个月我也准备去罗马。

丙：我去年也去过费城，它是我去美国的第一站。

丁：我从没有去过费城。我第一次出国旅游。下个月我想去欧洲或者南美洲。

戊还没有开口，但是我们已经可以判断出这几个人来自哪个城市了，你也来试试吧！

36. 谎言

小虎同学经常向班主任请假。一天，他请同学帮他把一张请假条交给老师。请假条上的字是用墨水笔写的，虽然字迹不算工整，但是很整洁，字数也很多，上面写了他因为生病了，不能来上课，连请假条都是躺在床上仰面写完的，末尾还写了对老师表示感谢的话，整个请假条的字数已经超过几百个字。从假条上可以看出来，小虎还是很真诚的。

老师也确认了那确实是小虎的笔迹，但他很快就对交请假条的同学说：“这张请假条让我一下子就看出他在撒谎。”

小朋友，你认为小虎同学有没有撒谎呢？如果有，你知道老师是怎样看出来的吗？

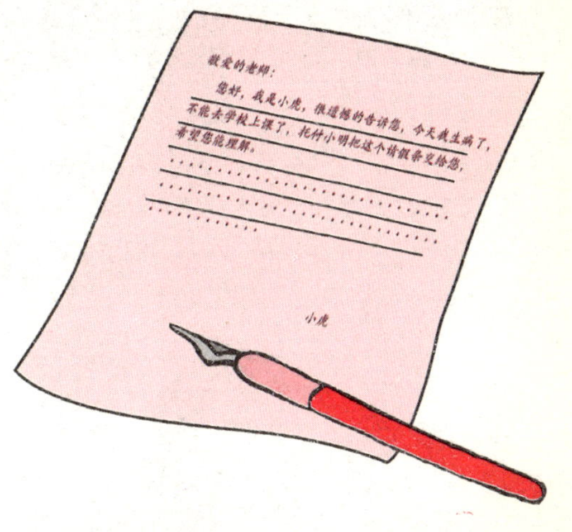

37. 有问题的足球

某大毒枭连闯4个国家，马上就要将价值不菲的海洛因带进毒品出售价格最高的X国了。为了能顺利通过机场的安检，他把毒品藏在一只新的足球里面，他在足球上伪造了好几个世界著名球星的英文签名。他认为，这样一个有着很多世界球星签名的足球，肯定不会有人怀疑里面藏着毒品。

但不巧的是，他在机场遇到了一位著名的反毒专家。专家只看了一眼足球，甚至都没有用手掂一掂足球的重量，就怀疑足球有问题，并请大毒枭到检查站去接受检查。这时，大毒枭又吃惊又着急，大声嚷道：“有着世界球星签名的足球，能有什么问题呀？”

小朋友，你觉得反毒专家是怎样看出足球有问题的呢？

38. 哪一天考试

物理老师对全班宣布说：“全班要进行一次考试，是在一周5天内（星期一至星期五）的某一天进行。”但他又说，“你们无法知道是哪一天，只有到了考试那天的早上8点钟，才会通知你们下午1点钟考试。”许多同学都不知道到底是在哪一天，那么，你能猜出这场考试会在哪一天举行吗？

39. 两人帽子的颜色

某考官给他的两个学生出了一道奇怪且有趣的题，让学生甲和乙跟他进入一个全靠灯光来照明的狭窄的小屋子里。屋子里空荡荡的，只有一个用厚帘子遮挡起来的小窗和一只神秘的盒子。接着，考官指着盒子说：“这个盒子里有5顶帽子，其中3顶是黑色的，另外两顶是红色的。现在，我要把灯关掉，然后在黑暗中摸索着把盒子打开，接下来，我们3个人每人要摸1顶帽子戴在自己的头上，戴上后，我会把盒子盖好，然后开灯。你们俩说出自己头上戴的帽子的颜色，谁说得快且正确，谁就是这一学年的优秀学员。”

一切按照考官的计划进行。关灯后，3个人各自摸了1顶帽子戴在自己的头上，当灯亮后，甲和乙同时看见考官头上戴了一顶红色的帽子，然后又相互看了一眼，沉默了一小会儿，甲立即喊道：“我戴的是黑色的帽子！”

考官点了点头，甲回答对了。

小朋友，如果你是甲乙中的一人，你能猜出自己戴的是什么颜色的帽子吗？

40.哪个记错了

一块空地上插着木桩，一个农夫打算用一些铁丝绑在木桩上，围成一个三角形的羊圈。已知：A.沿羊圈各边的木桩间距相等；B.等宽的铁丝网绑在等高的木桩上；C.农夫做了购买铁丝网的价格记录：三角形羊圈中，第一边的铁丝网价钱为10元，第二边的铁丝网价钱为20元，第三边的铁丝网价钱为30元。D.农夫在买铁丝网时用的全是面值为10元的钞票，且不用找零；E.农夫为羊圈各边的铁丝网所付的10元钞票的数目各不相同；F.农夫所记录的铁丝网价格中，有一个记错了。

根据以上条件，你能推出是哪一个记错了吗？

41.谁吃鱼了

有一天，莫森先生清蒸了一条鲤鱼。鱼蒸好了，莫森先生突然有事，要出去一趟。当他回来后，他发现有人把他蒸好的鱼吃了一半。莫森先生有十多个弟子，可他们都说自己没有吃。莫森先生想了想，想出了一个办法，很快就找到了偷吃鱼的人。

请问，他想到的是什么办法呢？

42.圣诞节杀人案

在加拿大北部的某座城市里，正值圣诞节时，却发生了一起命案。警方抓到了一个嫌疑犯，以下是警察和嫌疑犯的对话。

警察：“你曾经因一些债务问题与死者结下仇，还闹上了法庭，是吗？”

疑犯：“是的。但是已经过去很长时间了。”

警察：“案发当日，有人看见一个身材与相貌和你很相像的人进入了死者的住所，那个人是你吗？”

疑犯：“不是。按你所说的，死者是在圣诞节遇害的。圣诞节那段时间，我正在澳大利亚。这个世界上有很多人和我长得很像，这是很正常的。”

警察：“你在澳大利亚干什么？”

疑犯：“过圣诞节。我希望在那里过一个白色的圣诞节。节日那天，我还堆了雪人。”

警察：“好了，先生，你不用再说什么了。因为你在撒谎，你就是杀人凶手。”

请问，你能不能根据他们的对话，找出警察确定嫌疑犯在撒谎的理由呢？

43. 自投罗网

一天，商队的镖师在一间客栈住宿。深夜时分，有人用他的刀杀了店主，作案后，又把刀插回了原来的刀鞘里。整个过程，他都没有察觉，第二天清晨，他就离开了客栈。天亮后，店里的人发现主人被害了，立即把镖师追了回来，并检查他的佩刀，只见佩刀上的血迹未干。镖师一时不知该如何解释，便被送到了官府，酷刑之下，他只好违心承认是自己杀了店主。后来，县令觉得有些可疑，便下令把当天夜里在旅店中住宿的15岁以上的人都召集起来，然后又把他们放了，唯独留下了一个老妇人。每天都是这样。没过几天，罪犯便自投罗网了。

请问，这是为什么呢？

44. 球赛

某高校刚刚结束一场篮球比赛，你能根据下面的条件，推测出这场球赛的结果吗？

A：整场比赛，双方都没有换过人。

B：双方队员中，得分最高的一名队员得了30分，另有3名队员得分不到20分，且分数各不相同。

C：客场球队中队员的个人技术十分接近，得分最多的和最少的只差了3分。

D：全场比赛中，只有3名队员得分相同，都是22分。并且，他们不在同一个队。

E：主场球队中队员的个人得分，恰好是一组等差数列。

45. 膝盖上的伤口

小王被一阵紧张而又急促的门铃声吵醒了，他赶紧去开门。进来的是隔壁的张太太，张太太一见小王就不分青红皂白地骂道：“你这个可恶的家伙！不管好自家的狗！害我被咬了！”

小王心平气和地对张太太说：“我家的狗今天一直在家，不可能出去咬人，您是不是搞错了？”张太太没好气地说：“搞错？我就在刚才经过你家门口时被你家的狗咬伤了，你看看这伤口。”说着，张太太就把她的裤腿卷了起来。小王一看，张太太的膝盖处果然有一处被咬伤的伤口。

小王看过张太太的伤口后，十分肯定地说：“您不要撒谎了！这伤口根本不是我家的狗咬的。”紧接着，小王拿出了证据，张太太顿时哑口无言。请问，你知道小王拿出的是什么证据吗？

46. 录取概率

某知名学府要在某地录取一个学生，但该地报名的学生有100个之多。这样，每个学生的录取概率就是1%。但有一个学生却认为每个学生的录取可能性都是1/2。他是这样分析的：除“我”之外的99个学生中，肯定有98个学生要被淘汰，这样，“我”就与剩下的第99个学生竞争。因此，“我”的录取可能性就变成1/2了。其中，“我”适用于每个学生。因此，这100个学生的被录取概率就由1%变成1/2了。

请问，是不是应该这样算呢？

47. 判断专业

甲、乙、丙3名学生，其中一个出生在纽约，一个出生在东京，一个出生在北京。他们当中有一个是学物理的，有一个是学汉语的，还有一个是学经济的。现在，已知：①甲不是学物理的；②乙不是学经济的；③学物理的不出生在东京；④学经济的出生在纽约；⑤乙不出生在北京。

那么，你能根据上面提供的条件，推断出甲学的是什么专业，出生在什么地方吗？

48. 走错房间

一个早上，侦探亨利打电话请旅馆服务员送一份晨报和一杯茶来。一会儿，有人来敲门，亨利去开门，一位服务员站在门口说：“早上好，先生。这是您点的早餐。”

亨利说：“我只要了一杯茶，你大概是弄错了，这是321房间。”

服务员说：“对不起，打扰了，我应该送到327号房间。”于是关上门离开了。

过了一会儿，两声敲门声后，一个男人走了进来。

亨利惊讶地说：“你是谁？”

“你是谁？怎么可以在我的房间里说这样的话？”那个男人不甘示弱地反问道。

亨利说：“这是我的房间，321号。”

男子看了看门牌，忙道歉说：“对不起，是我弄错了。”说完，便走了出去，顺手关上了门。

过了一会儿，又有敲门声。女服务员送来了晨报和茶。正在这时，只听门外有人大喊：“我放在房间里的宝石不见了！”

亨利听后马上冲出门，大叫道：“快！抓住那个人！”

小朋友，你知道亨利要抓住谁吗？

49.鹦鹉学舌

一家报社的领导家里被盗。案犯手段高明，现场没有留下任何痕迹，案子一时得不到进展。警察局长不得不亲自出马去探查现场，到了领导家，女主人热情地接待了他。

一进门，客厅里那只鹦鹉就学着主人说：“您好，请坐。”警察局长也被这只鹦鹉惟妙惟肖的口技逗乐了，除此之外，似乎再也没有能让他高兴起来的事情了，因为这次还是一点儿线索都没有找到。

就在他临走时，客厅里的鹦鹉又开口了，像是重复着什么话。警察局长走近几步才听清，原来它是在说：“到这儿来，罗克！到这儿来，拜伦！”

警察局长问女主人：“夫人，请问您家里有叫罗克和拜伦的人吗？”

女主人想了一会儿，说：“没有，这只鹦鹉学人说话学得十分像，但过去从来没有听它说过这两句话。不知为什么，这几天总是重复这两句。”

警察局长眼睛一亮，接着问女主人：“请您回忆一下，鹦鹉学说这两句话，是在盗窃案发生之前还是之后呢？”女主人沉思片刻，非常肯定地回答道：“在案件发生之后！”

警察局长听了之后，很快就破了案。小朋友，你知道警察局长是怎样找到线索破案的吗？

50.卡罗尔的难题

据说，这是英国剑桥大学数学系老师卡罗尔提出的一道难题，借此检验学生的逻辑推理能力。题目是这样的：

（1）教室里标记有日期的信都是用粉色信纸写的。

（2）丽萨写的信都是以“亲爱的”开头的。

（3）除了约翰，没有人用黑墨水写信。

（4）皮特没有收藏他可以看到的信。

（5）只有一页信纸的信上，都标记了日期。

（6）未标记的信都是用黑墨水写的。

（7）用粉色信纸写的信都被收藏了起来。

（8）用一页以上的信纸写的信中，没有一封有标记的。

（9）约翰没有写一封以“亲爱的”开头的信。

你能通过这些条件，判断出皮特能否看到丽萨写的信么？

51.松鼠的食物

这是一道非常简单的自然常识推理题。韩国的松鼠是从来不冬眠的，它们可以在整个冬季外出觅食。一天，一个小孩偷偷溜进了松鼠的地盘，想把它们的食物偷走，但是，他根本闻不到食物的味道，也不知道松鼠将食物藏在了哪里。松鼠的地盘上有很多树和树洞，而且窝里还有一个仓库，附近有许多空着的鸟巢，地面上还有一些地洞。

请问，你能根据这些条件推测出松鼠将食物藏在了什么地方吗？

2.5人帽子的颜色

5个人站成一列，从5顶黄帽子和4顶红
冒子中取出5顶，分别给每个人戴上。他们只
总向前看，不能转头。虽然只能看见前面的
人头上戴的帽子的颜色，但是不能说出来。

开始的时候，站在最后面的第五个人说：
“我虽然看到了你头上戴的帽子的颜色，但
我还是不能判断自己头上戴的是什么颜色的帽
子。”第四个人说：“我也不知道。”第三个
人说：“我也不知道。”第二个人也说不知道
自己帽子的颜色。这时，第一个人却很肯定地
说：“我知道
我戴的帽子的
颜色。”

小朋友，
你知道第一个
人戴的帽子是
什么颜色吗？

3.最佳候选人

国王打算聘请一位优秀的建筑师帮他主
持修建一座宏伟的宫殿。国王召集了全国所
有著名的建筑师，让他们各自上报设计方
案，并推荐第二候选人作为自己的助手。国
王耐心地倾听了每个建筑师的自我介绍。听
完后，国王考虑了片刻，最终决定了人选。

请问，你认为国王会选择谁来担任这个
重任呢？

54.贪吃蛇

公主住在高高的城堡里，城堡里还有一个开满鲜花的大花园，里面有各种美丽的昆虫和小鸟，简直就是鸟语花香的人间天堂。一天，国王派人送给公主一颗漂亮的宝石。公主很高兴，把宝石放在窗台上，因为她想让更多的人看到宝石的光芒，而且她认为，她住得那么高，周围又有侍卫保护，肯定不会有人来偷宝石的。

一天，公主去陪国王下棋，回来后，发现窗台上的宝石不见了，她十分着急，立刻派侍卫调查。经过反复调查，公主居住的地方根本没有外人进去过，而能在这王宫四处走动的宫女和侍卫都是诚实可靠的。可宝石竟然神秘地失踪了。

有一天，宫廷的老园丁在花园里打死了一条蛇。老园丁用刀割开了蛇的肚子，惊奇地发现了公主丢失的那颗宝石。

老园丁把宝石送给国王，国王怀疑地问：“蛇能爬到那么高的楼上吗？”

老园丁说：“不能。但是，宝石的确是被蛇吃掉的。”接着，老园丁将事情的经过分析给国王听，国王听后连连点头，并下令重赏老园丁。

小朋友，你知道蛇是怎样吃到宝石的吗？

55. 误杀

斯蒂娜的爸爸是有名的探长，常常给她讲探案的故事。受爸爸的影响，长大后的斯蒂娜拥有缜密的思维，成为了当地有名的侦探小说作家。

一天晚上，斯蒂娜很晚才回家，忽然，她觉得身后似乎有个黑影，由于经常写侦探小说，斯蒂娜对周围的环境非常敏感，她当时的第一反应就认定了这个黑影将会对自己不利，于是迅速地掏出防身用的水果刀，回身向黑影刺去……当她回头看清倒下的黑影时，惊呆了！原来，由于过度敏感，她误杀了大楼的管理员。眼看闯了大祸，斯蒂娜趁周围没有人发现，赶紧逃回家里。回到家里，她拉下了电闸，偷偷地溜走了。

第二天，斯蒂娜就接到了福斯特探长的电话。按照探长的要求，斯蒂娜回到了别墅。探长问：“昨天你在家吗？”斯蒂娜一脸镇定地说：“探长先生，我家里的电路坏了，电脑不能用，所以这3天我一直住在母亲家呢。如果您不相信，可以亲自询问我的母亲。”

福斯特探长说：“你的父亲曾是我的上司，我是看着你长大的，也相信你绝对不会犯罪，但是案子发生在附近，我必须例行公事，对周围的人一一进行排查。我忙到现在，渴坏啦！”斯蒂娜一听，连忙打开冰箱，给探长倒了一杯冰水。福斯特探长喝了一口，拿出手铐说：“斯蒂娜，真是对不起了，尽管你的父亲曾经是我的上司，但你犯了罪，我必须要逮捕你。先回警局解释你的行为吧！”

你知道福斯特探长是怎样马上判断出是斯蒂娜杀了人的吗？

56. 比比谁更壮

甲、乙、丙、丁4个大力士比重量，比赛结果如下：

（1）当甲、乙在一组，丙、丁在另一组时，双方的重量相等。

（2）当乙、丙在一组，甲、丁在另一组时，甲、丁一方可以轻易地超过乙、丙一方的重量。

（3）但是，乙比甲和丙的重量之和还要重。

请问，你能根据上面的条件，推测出他们谁的重量最重吗？请按照由大到小的顺序将他们4个人的重量排列出来。

57. 谁在同一个班

某学校的某一年级共有4个班，每个班都有正、副班长各一名。平时，召开年级班长的会议时，各班都只派一名班长前去参加。第一次参加会议的是小红、小兰、小刚、小勇；第二次参加会议的是小芹、小兰、阿豪、小勇；第三次参加会议的是小红、小芹、小兰、小玉。3次会议中，磊磊都因为生病没有参加。请问，每个班的班长各是哪两位呢？

8. 指纹在哪里

一天，一位警察在咖啡馆里发现了潜逃女盗窃犯就坐在门口处喝咖啡。女盗窃犯妆艳抹，穿着时髦，指甲上涂了鲜红色的甲油，正悠闲地品尝着咖啡。警察正想过抓住这个盗窃犯，不料，女盗窃犯忽然冲门，消失在了人海中。

警察立即检查盗窃犯刚用过的东西，试采取指纹。但令他失望的是，刚刚明明看盗窃犯用手摸过东西，现在却没有发现指。也就是说，盗窃犯十分狡猾，没留下蛛马迹。

警察并没有看见盗窃犯在喝咖啡时戴着手套，也没有看见她的手指上缠着胶带一类的东西，只看见她的指甲上涂了红色的指甲油。请问，女盗窃犯到底是怎样做到不留下任何指纹的呢？

59. 概念训练

连续犯是指行为基于数个同一犯罪故意、连续多次实施数个性质相同的犯罪行为、触犯同一罪名的犯罪形态。那么，按照这一概念，下列属于连续犯的是：

A：王某为了杀害他的仇人甲和乙，一次性将毒药放在他们食用的饭菜中，造成甲、乙两人同时中毒死亡。

B：某地一通缉犯流窜至全国作案，多次杀人、抢劫，无恶不作，最后被警方逮捕归案。

C：李某与张某因嫉妒而生恨。某日，李某持刀冲入张某家，砍死了张某，出门时又将张某的妻子、女儿相继砍死。

D：某国企出纳员王某偶然发现单位的财务制度存在疏漏，将5000元公款归为已有，后来又利用该漏洞贪污10000元。

0.3层公寓

有一幢仅有3层的楼房，每层只有一套公寓，分别住着3对夫妇。

最先入住进来的是沃伦夫妇，他们选择了顶层。然后入住的是莫顿夫妇和路易斯夫妇，他各自选择了下面两层中的其中一层。这3对夫妇平时相处得很融，只有卡特有些不满，他认为他楼上的那对夫妇早上不该过早地澡，因为这样会影响到他休息。感到最满意的是莫顿夫妇，他们本没有任何怨言。

3家住户平时也常来往，彼得每天早上下楼路过吉姆的门前，总会进去打个招呼；凯瑟琳在每天11点时，都习惯要上楼去找易斯夫人喝咖啡。诺玛也喜欢到路易斯夫妇家做客，因为，她总下楼向多丽丝借东西。

现在，你能根据上面提供的条件，推测出这3对夫妇分别叫什名字，都住在哪一层吗？

61.识穿身份

一位英俊的男子走进了一家超市，超市里的3名女营业员被他吸引住了。她们悄悄地猜着这名男子的身份。

甲说：“他一定是公务员。”

乙说：“我看他像一位教师。”

这时，男子走过来结账。有趣的是，她们发现男子在账单的背面画了一个三角形，在三角形的底下，还写了一个算式19 × 2 = 38。这当然与账单没有任何关系。

刚才在一旁没有说话的营业员丙笑了笑，对两位同事说：“我猜他应该是个水手。”

事实上，这名男子确实是一名水手。小朋友，你知道营业员丙是怎样看穿这名男子的真实身份的吗？

62.散落的玻璃碎片

一大早，老板就发现办公室保险柜里
5000万元现金被人偷走了，于是赶紧打
话报案。警长赶来后，发现小偷好像是将
璃窗砸碎后，从窗户跳进来进行盗窃的，
为满地都是碎玻璃碴子。警长叫来公司当
值夜班的小韩询问情况。小韩说：“半夜
点，我还查看了一圈，窗户锁得严严实实，
窗帘也拉得很好，便放心地回去了。小偷
定是零点以后作的案，因为我们公司紧邻
路，小偷大概是趁过火车时声音嘈杂而砸碎了玻璃，想利用火车巨大的声响来掩盖玻璃碎裂的声音。”

警长听后，立即锁定小韩就是犯罪嫌疑人。请问，你知道小韩的破绽出在了哪里吗？

63.赴宴

一个人要举办一次宴会，他分别邀请了甲、乙、丙、丁、卯、寅6个人。他们分
提了一些要求作为前去参加宴会的条件，最终，这6人有X个人参加了宴会。现在，
知：

A：甲、乙两人中至少有一人参加宴会；

B：甲、卯、寅3人中有两人参加宴会；

C：乙、丙决定，要么两人都去参加，要么两人都不去；

D：甲、丁两人中只有一人参加宴会；

E：丙、丁两人中只有一人参加宴会；

F：若丁不去参加，卯就坚决不去。

小朋友，你能根据这些条件，猜出最终是哪几个人前去参加宴会了吗？

4. 小李有罪吗

某公司内部发生了一起盗窃案，警方经过察，拘捕了3个重大嫌疑人，分别是小李、信、王秘书。经审讯，查明了如下事实：

（1）罪犯是带着赃物乘汽车逃跑的。

（2）如果不伙同小李，王秘书决不会作案。

（3）阿信不会开车。

（4）罪犯就是这3个人中的一个或一伙。

审讯之后，警方立即说小李就是嫌疑。但是，小李却一口咬定自己是无罪的，称是警方冤枉了他。现在，你能不能根据上条件，判断出小李究竟有没有罪呢？

65. 猜扑克牌的花色

甲、乙、丙是多年的朋友，他们均爱好逻辑推理。有一天，一个朋友来了，说他有一个很好玩的扑克游戏，要测测他们的逻辑推理能力。这个朋友给出了以下条件：抽屉里总共有16张扑克牌，分别是红桃A、Q、4，黑桃J、8、4、2、7、3，梅花K、Q、5、4、6，方块A、5。

这个朋友随机抽出来一张牌，把点数告诉了乙，把花色告诉了丙。然后他问他们是否知道这张牌是什么。

乙：我不知道这张牌是什么。

丙：我知道你肯定不知道这张牌。

乙：哦，现在我知道这张牌是什么了。

丙：我也知道了。

甲：我也猜出来了。

请问，你猜出来这张牌是什么了吗？

6. 4个贼

有4个贼，各自偷了一样东西，他们现在正在接受警方的调查。甲说：“我们每人只偷了条项链。”乙说：“我只偷了一颗钻石。”丙说：“我没偷项链。”丁说：“有些人没偷项。”经过警察的进一步调查取证，发现甲与丁有矛盾，并且在这次审问中，只有一人说了真。那么在下列判断中，没有错误的是哪项，并请说明原因。

A. 乙偷了一颗钻石。

B. 所有人都没有偷项链。

C. 有些人没有偷项链。

D. 所有人都偷了项链。

67.说谎者

张先生是一位嗜酒如命的人，他尤其喜欢喝啤酒。有一天早上，8点左右，警察接到报案，张先生的邻居李先生说他刚到张先生的住处，发现他死在房间里。

警察立马赶到现场，进行详细的侦查。桌子上放着一瓶啤酒，张先生的手中还抓着一杯啤酒，酒中还有气泡。张先生的头上破了一个大洞，显然是被硬物重击、失血过多而死。李先生成了最大的嫌疑人，在被警察问询时，他如此陈述：“凌晨3点的时候，我被张先生房间里的争吵声惊醒。后来迷迷糊糊间，又听到打斗声。但是我和他一向没有太大的交情，又很困，就没有起来看看究竟。直到早上8点多了，我想着去看看情况，结果就发现张先生躺在血泊中。”聪明的警察一听，立马说道：“你在说谎！”

你知道警察凭什么判断李先生在说谎么？后来事实证明，李先生确实是杀害张先生的凶手。

68.装珠宝的箱子

一个盗墓者在一个隐秘的墓穴里发现两只箱子和一封沾满灰尘的信。一眼看去箱子很重，似乎无法将它打开，即使打了，也无法保证里面不会暗藏机关、不会害到人。盗墓者先看了看那封陈旧的信，上说：“这两只箱子其中之一装满了珠宝另一只箱子则装有机关。如果你足够聪明按照箱子上的提示就能找到安全打开它的法。”

盗墓者又仔细观察了这两只箱子，发现们的上面都贴着一张很小的纸条，第一只箱的纸条上面写着：“另一只箱子上的纸条上写的都是真的，珠宝在这只箱子里。”第二箱子上写面着：“另一只箱子的纸条上写的是假话，珠宝在另一只箱子里。”

那么，他应该打开哪只箱子才不至于被暗藏的机关中伤，从而顺利得到珠宝呢？

69.聪明的女盗贼

在一幢公寓的大厅前，侦探亨利和女盗贼相遇。女盗贼向侦探热情地打招呼：“探长好，好久不见啦，您来这里办事呀？”

侦探说：“我把笔记本落在地下3层了，正要去取。你呢？”

“哎呀，我也是呀，我的通讯录忘在了3楼。怎么样，亨利先生，咱们来一次比赛吧！”

“比什么？”

“不乘电梯，看咱们谁先取回东西，并回到正门。”

“好吧，那就来吧！”

于是，两人同时奔向楼梯口，侦探却忽然停住了脚步说：“糟了，中计了，我肯定输定了。”你知道侦探为什么这么说吗？

0.找出破绽

一天半夜，罗伯特教授的侄子乔恩急促敲响了侦探波尔家的门。乔恩不安地对波说："今天，叔叔约我晚上到他家，我在上有事，耽误了，到他家时，我敲门却没人回应，按照常理，叔叔是不会失约的，知他家里发生了什么事。因为他最近突然到了很多钱，许多人都觊觎他的这笔钱他又是一个人生活的，没有人陪伴，我怕他出什么意外，可我又不敢贸然闯进所以请您前去看看。"

波尔一听，立即与乔恩赶往罗伯特教授一会儿工夫，他们就来到了罗伯特教授门口。波尔推开门，伸手摸墙上灯的开灯却没有亮。乔恩说："里面还有一盏我去开。"说着，乔恩便走进了黑漆漆房间。不一会儿，灯就亮了。灯亮后，他发现罗伯特教授的尸体横躺在离门口不到米远的过道上，屋角处的保险柜打开着，面已经被洗劫一空。乔恩低声哀叹道：我的上帝啊，这是谁干的？"然后赶紧跨尸体，回到了波尔身边。

看到这一场景，波尔笑了笑说："乔恩先别再演戏了，分明是你杀了你的叔叔！"

你知道波尔是如何断定乔恩就是凶手的换句话说，乔恩演的这场戏，在哪里露了破绽呢？

71.推算性别

这是一道非常简单的推理题：张先生有7个孩子，从大到小，分别叫老大、老二、老三、老四、老五、老六、老七。现在，请你根据下面提供的条件，快速推算出这7个孩子哪些是男性，哪些是女性。条件如下：

A. 老大有3个妹妹；

B. 老二有1个哥哥；

C. 老三是女性，她有2个妹妹；

D. 老四有2个弟弟；

E. 老五有2个姐姐；

F. 老六也是女性，她没有妹妹。

72.港口货物吞吐量

港口货物吞吐量是指从水路进出港区并经过装卸的货物数量。根据这一定义，下列应计为港口货物吞吐量的是：

A. 从连云港的2号码头上装9吨货物运至5号码头。

B. 从福州港运河砂15吨至厦门港锚地卸下。

C. 从莆田通过汽车运15吨货物进福州港区。

D. 从苏州港运15吨货物至福州港码头停靠后运往香港。

73.3人帽子的颜色

这是一道比较有趣的关于帽子的谜题。题目是这样的：有人命3人站在垂直墙的一直线上，并用遮眼布将他们的眼睛蒙起来。然后从装有3顶红色帽子和2顶黑色帽子的盒子中取出3顶，分别给他们3人戴上，接下来，把他们眼睛上蒙着的布摘掉，并要求他们每人说出自己所戴帽子的颜色。

离墙最远的那个人，他看到了前面两人帽子的颜色后说："我不知道我头上的帽子是什么颜色的。"离墙第二远的那个人听到了上面的回答后，又看到了前面一个人戴的帽子的颜色，也说不知道自己戴的是什么颜色的帽子。而第三个人，虽然他看到的只是一堵墙，但他听到了前面两人的回答后，却说："我知道自己头上的帽子颜色。"小朋友，你知道他头上戴的帽子是什么颜色的吗？他是如何确定的呢？

74.谁下的毒

某天，甲、乙、丙、丁4个人在饭店里餐，服务员为他们上完菜后，就离开了。人正洋洋得意地用餐时，突然间，丁大叫一声："饭菜里有毒！"说完就倒在桌子不省人事了。警察接到报案后，火速赶到现场，传讯了与丁一起就餐的另外3个人个人在警察局里录了如下口供：

甲说："我没有毒死丁。""我是同坐在一起的。""之前的服务员正在为我上菜。"乙说："丁坐在我的对面。""现我们又有了新的服务员。""服务员没有毒丁。"丙说："乙没有犯罪。""是服务员死丁的。""凶手就在我们中间。"甲在"之前的服务员正在为我们上菜"之前说句假话。

现在，已知这3人中每个被审问的人都了2句真话和1句假话，如果你是警察，你否根据这些口供判断出是谁下的毒呢？

75.贴错的门牌

有一家旅店以怪异的经营风格而闻名。这家旅店总是在旅客的门牌上贴上男男、女女男女的门牌。有一次，旅馆恰好来了3对客人，他们分别是两个男人、两个女人和一对妻。3对客人之前的标签是没有错的，因为他们害怕走错房间。不过，后来被一个马虎的务员给弄混了，贴错了门牌。已知，3个房间的门牌都贴错了。

你能仅敲一个房间的门，仅仅凭借声音来纠正这个错误么？

·奇怪的录音

约翰有口吃的毛病，但是他对待工作十
真。这天，约翰的太太接到约翰从办公
来的电话录音。听完后，她非常焦急，
报了警。

事后证实，约翰是被人用刀杀死的，电
死前打来的。

录音内容如下：“……我我遇遇遇到了
个仇仇……人，我我我知道他的的的
号……码，就是是是8888444……4，
……（跌倒之声）”

太太说：“唉，真可惜！电话号码只说了
字，还有6位数呢，还有6位数究竟是什么
”警方也感觉很遗憾，他们凭借“8”和
”这两个号码查了好几天，也无法找到任
索。忽然，一个警察灵机一动，告诉大家
经知道了凶手的电话号码，并且很快就找
凶手。

请问，警察是根据录音找到了线索并推
答案的吗？说说你的理由。

77.明白了什么

在一个深秋的夜里，某房地产大亨的儿子被绑架了，绑架犯索要200万美元的赎金。绑匪在电话里威胁说：“听着，我要旧版的百元纸币，共200万美元，要用普通的包装，在明天上午邮寄出来，地址是莫顿市爱沙街36号，凯特收。如果你报警或者不照办，我就让你再也见不到儿子！”

接到电话后，大亨非常害怕。为了不让儿子受到伤害，他不敢报警，只好委托私家侦探沙菲进行调查。

沙菲乔装打扮成一个推销员，开始了秘密调查，结果发现罪犯所说的城市名是真的，但地址和人名却是虚构的。

聪明的沙菲想了想，终于明白了绑架犯的真实目的。

第二天，他就成功地抓获了绑架犯，并安全救出了地产大亨的儿子。

小朋友，你知道沙菲明白了什么吗？

78.谁的房间居中

这道题与上面的一道题目非常相似，探寻这种题目的答案，关键是思维方法要正确。题目是这样的：甲、乙、丙3个人住在一幢公寓的同一层。一人的房间居中，与其他两人左右相邻。他们每人都养了一只宠物，不是狗就是猫；每人都只喝一种饮料，不是茶就是咖啡；每人都采用一种抽烟的方式，不是烟斗就是雪茄。

他们3人具备下面的条件：

甲住在抽雪茄者的隔壁。乙住在养狗者的隔壁。丙住在喝茶者的隔壁。没有一个抽烟斗的人喝茶。至少有一个养猫的人抽烟斗。至少有一个喝咖啡的人住在一个养狗的人的隔壁。任何两人的相同嗜好都不超过一种。

那么，根据这些条件，请你猜猜，他们3个人中谁住的房间在中间呢？

79.古堡奇案

在印度，有一座神秘的古堡。很多前，不管是人还是牲口，只要晚上在古堡夜，就会全部送命，就连拿着精锐武器的险家也未能幸免。但奇怪的是，人们一直法找到真正的凶手，也找不到任何作案器，死者的身上也没有任何伤痕。即便是地最有名气的侦探、警察，也对这个案子手无策。

几年后的一天，一个乞丐模样、白发须的人自称有十足的把握来破此案。出于奈，当地警方只能让他试一试，并派人跟他到古堡门口。只见他买了一只大铁箱、只猴子和一张渔网，在当天晚上驾着马车速进入了那座令人毛骨悚然的神秘古堡。

进入古堡后，他走进人们遇害的大厅先给猴子注射了一些麻醉药，并将它放在网里。然后自己钻进了铁箱子中，牢牢地住了渔网的网绳。

第二天天一亮，他就从古堡里毫发无损走了出来，并声称已经破了案。人们欢呼不已

小朋友，你知道这个人是怎样破案吗？凶手又是谁呢？

.神秘的电文

某个早晨，正在值班的缉私民警小王
获了一份神秘的电报，电报的内容为：
明，货已办妥，火车站交接。”

小王马上就将电报交给了处长老李。老
接过后看了一遍，立刻认定是上次交易未
力的毒品走私残余人员再次进行的秘密交
。随即，老李进行了周密的部署，决心一
要把这伙毒贩子一网打尽。

这时，小王拿过电文，一边看一边犯难
问道：“李处长，我看我们还是不容易抓
这伙毒贩。你看，这份电文上面只有接货
址，并没有接货的具体时间啊，我们该怎
破案呢！”

老李不慌不忙地说道：“你说得对，从
面上看，我们的确不知道交易的时间。可
际上，这份电文已经明确地告诉了我们毒
子交易的时间。”

很快，根据老李的安排，这伙毒贩终于被一
打尽。小朋友，你知道老李是如何破译这份电
的吗？

参考答案

1.真相

是王先生看错了。

因为人在眩晕时经常会产生一些错觉。

2.花的秘密

花“正面对着我，开心地笑”说明花是朝侦探，也就是朝向室内。

我们知道，一般的植物，尤其在阳台上养植物大多具有向阳的特点，茎、叶朝着太阳线照射的方向生长，而这盆花却朝向室内，然是大盗的疏忽。

3.推算循环比赛结果

E队：3胜1败。推理如下：

假设全部比赛10场，各队都必须跟另外队比1场，即4×5=20（场）。但是每场有队出赛，因此还要再除以2，20÷2=10场），即总共应该会有10胜。A到D合计共7胜，那么剩下的3胜便是E队的了，这样一，立即就能算出E队有1败。

34.都是做什么的呢

彼得是工程师。

从题目中提供的信息可知，约翰、麦克都不是工程师，所以彼得是工程师。那么，工程师的年龄比运动员大，则麦克不是运动员而是教师，约翰是运动员。

35.来自何处

甲来自新德里，乙来自巴西利亚，丙来自罗马，丁来自华盛顿，戊来自费城。

解题的关键在于知道这些地理知识，罗马在北欧，新德里在印度，费城、华盛顿都是美国的城市，位于北美洲，巴西利亚则位于南美洲。根据甲，推出甲来自新德里。根据乙，推出乙来自华盛顿、新德里或巴西利亚。根据丙，推出丙来自罗马、新德里或巴西利亚。根据丁，推出丁来自新德里或华盛顿。根据甲，可以排除一下，得出丁来自华盛顿，乙来自巴西利亚，丙来自罗马，戊来自费城。

36.谎言

小虎同学的确说了谎。

这是因为，如果请假条是躺在床上仰面用墨水笔写的，写不了多少字，笔里的墨水就会被抽干，而且字体也会化开，即使重新注入墨水，字体的墨迹也会比之前的浓。但是请假条上写了这么多字，依然很“整洁”，这就表明墨水没有化，字迹也没有浓淡的差异，显然是他事前写好的。

37.有问题的足球

世界球星中有英国人、德国人、巴西人、意大利人，怎么都如此凑巧，只用英文来签名呢？理由只有一个，就是大毒枭只懂英文，他在弄虚作假。

38.哪一天考试

考试不可能在星期五，因为它是可能举行考试的最后一天，如果在星期四还没有举行考试的话，那就能推算出星期五要考试。但老师说过，在当天早上8点之前，不可能知道考试的日期，因此，在星期五考试是不可能的。

但这样一来，星期四便成为可能举行考试的最后日期。然而考试也不可能在星期四。因为如果星期三没有考试的话，我们就

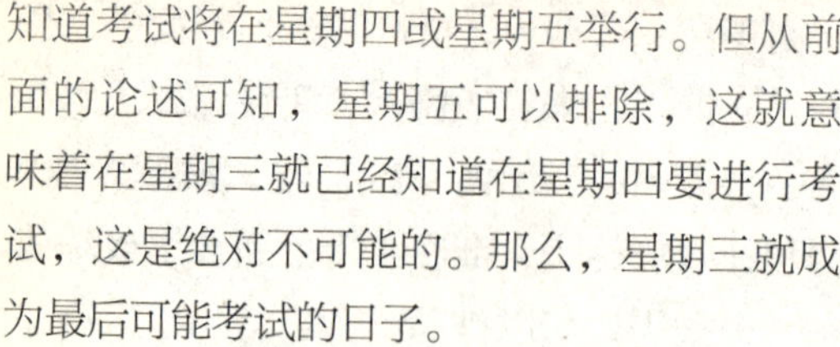

知道考试将在星期四或星期五举行。但从前面的论述可知，星期五可以排除，这就意味着在星期三就已经知道在星期四要进行考试，这是绝对不可能的。那么，星期三就成为最后可能考试的日子。

但星期三也要排除，因为如果你在星期二还没有考试的话，便能断定要在星期三考试。如此等等，根据同样的理由，一周的每一天都要被排除，所以这场考试根本无法进行。

39.两人帽子的颜色

如果甲看到乙头上戴的是红色的，一定会立即判断出自己戴的是黑帽子。同样的道理，如果乙看到甲头上戴的是红色的，也一定会立即判断出自己戴的是黑色帽子。可是，灯亮以后，甲和乙谁也没有立刻做出判断，也就是说，亮灯以后，甲看到乙戴的帽子的颜色和乙看到甲戴的帽子的颜色都是一样的。

40.哪个记错了

第一边记错了。

根据A、B、C、F可推出羊圈3边的长度比为1 ：2 ：3。但是，这个比例中有一个数字是错误的。根据D可以推算出，错误的数字代之以一个整数。根据E可以推出，错误的数字必须代之以大于3的整数。如果以大于3的整数取代比例中的2或3，则不可能构成一个三角形，因为三角形任何两边之和一定要大于第三边。因此，错误的数是比例中的1，即农夫所记的10元是错的。同理，可以推算出用4取代1，可以构成一个三角形，即第一边铁丝网的价钱为40元，而并非10元。

41.谁吃鱼了

他大声说道：“不好了，要出人命了这条鲤鱼在烹制时加入了荆芥，也就是八断肠散！”听到莫森先生这么一说，其中个弟子的脸色突然变了，一下子跪倒在地大声喊道：“先生，救命啊，是我偷吃鱼！快救救我！”

42.圣诞节杀人案

澳大利亚在南半球，气候与北半球相反，凶杀案发生在加拿大北部冬季的圣诞节，这时的澳大利亚应是夏季才对，不可能堆雪人过白色圣诞节。

43.自投罗网

到了天黑，县令把老妇人放走了，命令手下的人秘密跟踪，看谁与这位老妇人说话。就这样反复3天，发现有同一个人找老妇人。于是，县令又把有关的人都召集起来，从中找出与老妇人说话的人，并对他严加审讯。那人供认，因他与店主的妻子通奸，乘机用镖师的刀杀死了店主。由于他心虚，见每天都留下老妇人一人，就急忙打听虚实，这才暴露了他借刀杀人的犯罪事实。

44.球赛

比赛结果为：主场球队110分，客场球队104分，主场球队赢了6分。

根据条件E所述，主场球队得分是一组等差数列，即表明3名得22分的队员只有一名在主场球队，另两名都在客场球队；根据条件C所述，客场球队得分最多的和最少的只差3分，加上有两名得分为22，即推出得30分者在主场球队。再根据条件E，22分应该为等差

列的中间项，因为得分不能为负数，只能正整数。由此推算出主场球队个人得分依为：30、26、22、18、14。再根据条件B和，22分应该是客场球队队员的最高分，19分是客场球队队员的最低分。再根据上述结果和条件D，推出其余两名客场球队队员得分21分和20分。

45.膝盖上的伤口

腿被狗咬伤后，根本不需要卷起裤子来就可以明显地看到伤口。因为裤子也会被狗咬破。

46.录取概率

这样算是不对的。

计算概率时，所有对象都放在均等的位置上，发生的可能性趋于完全一致。题目中这个学生的分析是将自己提了出来，认为自己直接晋升一级，而其余99名学生需要筛选之后才有资格和自己竞争最后名额。因此，这样计算概率是错误的。

47.判断专业

甲学经济，出生在纽约。

首先，根据条件①②，得出甲学经济或中文，乙学中文或物理，丙不限制；然后，我们可以做出2种假设，分别与已知条件比对，若有矛盾，则假设错误，若无，则假设正确。

假设甲学经济、乙学中文（乙学物理或中文对本题结果无太大影响），则丙学物理；根据条件④，甲出生在纽约；根据条件⑤，乙出生在东京；而丙自然出生在北京，与条件③不矛盾，假设成立。假设甲学中文，乙学物理，丙学经济；根据条件④，丙出生在纽约；而根据条件⑤，乙出生在东京，这与条件③矛盾，假设不成立。

48.走错房间

侦探亨利要抓住第二个进他房间的男人。如果他认为这是他自己的房间，进去时是不会敲门的。之所以要敲门，是为了探知房间里有没有人，没有人时即可行窃。

49.鹦鹉学舌

警察局长回到警察局，通过电脑查找名叫罗克和拜伦的人的档案。果然不出所料，有这两个人，于是立即展开调查，并将嫌疑人拘捕审讯。

当罗克和拜伦被审讯时，他俩显出满不在乎的样子，当突然听到“到这儿来，罗克！到这儿来，拜伦”时，两人就立即招供了，没想到两个家伙在行窃时有过这样的对话，这只鹦鹉居然成了最有力的“证人”。

50.卡罗尔的难题

不能。

根据（1），标有日期的信——用粉红信纸写的；根据（2），丽萨写的信——“亲爱的”开头；根据（3），不是约翰写的信——不用黑墨水；根据（4），收藏的信——不能被看到；根据（5），只有一页信纸的信——标记了日期；根据（6），不是用黑墨水写的信——做了标记；根据（7），用粉色纸写的信——收藏起来；根据（8），做标记的——只有一页信纸；根据（9），约翰写的信——不以“亲爱的”开头。

综合上面推断，丽萨的信不同于约翰的信——不是用黑墨水写的——做了标记——只有一页信纸——标记了日期——用粉色信纸写的——收藏了起来——皮特不能看到，如此可以得出结论。

51.松鼠的食物

藏在了地洞里或树枝间。

因为其他的松鼠会挖地洞作为巢穴，所以要冬眠。而韩国的松鼠则利用树枝或树洞做窝，它们挖的地洞当然就是用来藏食物的了。另外，为了避免大雪后找不到藏了食物的地方，它们还会把一些食物放在高高的树枝间，以便随时取用。

52.5人帽子的颜色

第一个人戴黄色的帽子。推理如下：

第五个人开始说不知道自己头上帽子的颜色，这说明前面的4个人中有人戴黄帽子，否则，他马上就可以知道自己头上戴的是黄帽子了。第四个人知道了5个人中有人戴黄帽子，但不能断定自己帽子的颜色，这说明他看到前面的3个人中有人戴黄帽子。依此类推，第二个人也不知道自己帽子的颜色，说明他前面的人戴黄帽子。所以，第一个人可以断定自己戴的是黄帽子。本道题与39题相似，强化训练。

53.最佳候选人

肯定会选提名最多的第二候选人。

这是道急转弯类。推第二候选人是将自己排除在外，如此得到的结果更准确。

54.贪吃蛇

鸟可以飞到高楼上，鸟误食了宝石，蛇又吃了鸟，宝石自然就会被蛇吃掉了。

55.误杀

斯蒂娜说家里停电3天了，可是实际上只停了一个晚上，冰箱里的汽水还是冰凉的，福斯特探长喝了以后，便知道她在撒谎了。

56.比比谁更壮

丁 > 乙 > 甲 > 丙。

由（1）可得甲 + 乙 = 丙 + 丁

由（2）可得乙 + 丙 < 甲 + 丁

由（3）可得乙 > 甲 + 丙

由（1）推出丁 = 甲 + 乙 - 丙

由（2）推出丁 > 乙 + 丙 - 甲

将上述两式进行代入置换，可得甲 + 乙 - 丙 > 乙 + 丙-甲，从而推算出甲 > 丙。

又因甲 + 乙 = 丙 + 丁，推算出乙 < 丁。

又因乙 > 甲 + 丙，推算出丁 > 乙 > 甲 > 丙。

57.谁在同一个班

小兰与磊磊同班，小红与阿豪同班，小勇与小玉同班，小芹与小刚同班。

具体分析如下：小红参加了第一次会议和第三次会议，共参加了2次；小兰3次会议全部都参加了；小刚参加了第一次会议；小勇参加了第一次和第二次会议；小芹参加了第二次和第三次会议；阿豪参加了第二次会议；小玉参加了第三次会议；磊磊一次会议也没有参加。按照题意，两人同班的必要条件是他们没有一次会议是同时出席的。按照这个条件，从上述情形中首先可以发现，3次会议都出席的小兰必然与3次都没出席的磊磊同班；然后，从出席过2次会议的小红、小勇、小芹出发，不难发现小红与阿豪同班，小勇与小玉同班，小芹与小刚同班。

58.指纹在哪里

那个女郎在手指指纹部位涂了透明的指甲油，因此咖啡杯上没有留下指纹。

59.概念训练

属于连续犯的是C。

A项中“一次性”不符合题中“多次性”的要求。B项中“多次杀人、抢劫”不符合“同一罪名”的要求。D项也不符合“同一罪名”的要求，因为时间上不具有连续性。

60.3层公寓

顶层：彼得·沃伦和诺玛·沃伦夫妇；二层：卡特·路易斯和多丽丝·路易斯夫妇；底层：吉姆·莫顿和凯瑟琳·莫顿夫妇。

根据叙述，推出卡特住二层或底层。我们再确定顶层的住户，根据“彼得每天早上下楼路过吉姆的门前”，推出吉姆住底层，那彼得一定住顶层，卡特住二层。再根据“凯瑟琳在每天11点时，都习惯要上楼去找路易斯夫人喝咖啡。诺玛也喜欢到路易斯夫妇家做客”，显然，路易斯在二层，凯瑟琳也就是莫顿住在底层，诺玛就住顶层。显然，多丽丝就住二层，和卡特是夫妻。

61.识穿身份

结账时，他里面的水手制服露了出来。

62.散落的玻璃碎片

因为满地都是玻璃碎片，如果窗帘是拉着的话，小偷从外面闯进来，砸碎玻璃后不应该散落一地。可见，小韩在说谎。

63.赴宴

甲、乙、丙、寅参加了宴会。

D和E比较容易确定，先看E，假设丁去、丙不去，则推出甲和丙都不去。再看C，显然乙和丙也都不去。这与A中甲和乙至少一位去矛盾。显然，假设错误，丁不去，甲、乙、丙都去。根据F，丁不去，则推出卯不去。再看B，推出寅要去。综合一下，甲、乙、丙、寅都参加了宴会。

64.小李有罪吗

小李有罪。

原因是这样的：假设阿信无罪，根据（1）、（3）和（4），那么小李或王秘书就有罪；根据条件（2），王秘书只有伙同小李才能作案。这样小李就必定有罪。如果阿信有罪，那么根据条件（3），他也必定要伙同小李或王秘书一同作案；如果伙同小李作案，小李必定有罪；如果伙同王秘书作案，由于条件（2），小李也必定有罪。

65.猜扑克牌的花色

方块5。

这道题和第95题比较相似，均为经典逻辑推理题目，全面考察人的逻辑推理能力。

先看乙的第一句话，显然乙手中拿的点数是不唯一的，那就有A、Q、4、5共4种可能。再看丙的第一句话，他确定乙猜不出来，显然，他手中的花色肯定是包含有重复的，但是不包含有独特数字的，他手中的花色只能是红桃或者方块。

再看乙的第二句话，他通过丙的话，同时参考自己手中的花色，猜出了这张牌，他手中的点数不可能是A，否则猜不出，只能是4、5、Q。而丙也可以猜出来，显然是方块5。

66.4个贼

选D 。

乙、丙和丁的陈述是一致的，假设任意一个说真话，则至少得到另外一个也说真话。这显然与条件矛盾，说真话的只有甲。如此，很容易推出没有错误的就只有D。

67.说谎者

根据常识，倒在杯子中的啤酒不可能好几个小时气泡都不散开，警察就是凭借这个来断定李先生说谎的。

68.装珠宝的箱子

第二个箱子。可以这样分析：

如果第一只箱子上的纸条是真话，那么第二个箱子上的话也是真的，这自相矛盾。由此可判断，第一只箱子上的话是假的。

第一只箱子上的假话有3种可能：前半部分和后半部分都是假的。如果前半部分是假的，珠宝在第一只箱子里，并且，第二只箱子上的话是假的，这时，根据第二只箱子的判断，珠宝在第二只箱子里，这和上面的判断互相矛盾；如果后半部分是假的，那么，珠宝在另外一只箱子里，并且第二只箱子上的话是真的，从而可以判断珠宝在第二只箱子里，这也是矛盾的；所以，第一只箱子上的话都是假的，这时，珠宝在第二只箱子里，并且第二只箱子里的话是假的。这时，根据第二只箱子的判断，珠宝就藏在第二只箱子里。

69.聪明的女盗贼

因为侦探要多下1层。大楼的正门在1层，女盗贼上3楼，只需再爬2层就到了。而亨利侦探的记事本在地下3层，是要往下走3层。也就是说，亨利侦探要比女盗贼多爬1层，当然会输了。

70.找出破绽

乔恩进去开灯，尸体横在门口，他却没有被绊倒，说明他早已知道那里有具尸体。

71.推算性别

老大、老二、老五、老七都是男性；老三、老四、老六是女性。

根据B，推出老大是男性。

根据A、C和F，推出老七是男性，家中总共3个女性，老三、老六确定，老四、老五中有一位是女性。

再根据E，显然老四是女性，其他均为男性。总结即可得出结论。

72.港口货物吞吐量

B。

题干定义包括两点。选项A没有进出码头港区，不符合题干定义；选项B符合定义的两点；选项C没有从水路进出港口，不符合题干定义；选项D没有经过装卸，不符合题干定义。

73.3人帽子的颜色

离墙最远的那个人一定看到了2顶红色的帽子，或者1顶红色帽子和1顶黑色帽子。

因为如果他看到的是2顶黑色的帽子，就能知道自己所戴的是红色的帽子。中间的那个人看到的必然是红色的帽子，因为如果他看到的是黑色的帽子，他就能从第一个人的回答中知道自己必然戴着红色的帽子。

因此，面对墙的最前面的那个人即第三人便能推出自己只能戴着中间那个人看到的红色的帽子。这道题和前面的相似，难度略大一些。

74.谁下的毒

丙下的毒。

可以这样分析：根据提示，因甲说“之前的服务员正在为我们上菜”之前说了1句假话，可以判断出“之前的服务员正在为我们上菜”这句话是真话。那么，乙的口供中“现在我们又有了新的服务员”是假话。由此可以断定，他说的另外2句是真话。

丙的“是服务员毒死丁的”这句口供是假的，因此，乙也不是凶手。再回过头来看看甲的口供，“我是同丙坐在一起的”是假话，“我没有毒死丁”是真话。综上所述，甲、乙与服务员都不是凶手。所以丙才是真正的凶手。

75.贴错的门牌

可以的，去敲贴着“男女”门牌的那个房间。因为3个房间都贴错了，显然“男女”的门牌贴在两个男人或两个女人的房门上，只要听到声音，就可以立刻判断出来是哪个。其余两个门牌交换位置即可。

76.奇怪的录音

是。

约翰临死前的确将疑凶的电话号码录了音，就是“88884444”！不过约翰太太和警方以为口吃的约翰只说出了8和4，所以一时忽略了。

77.明白了什么

既然城市名是真的，街道名是假的，而绑架犯不可能不想得到那笔赎金。这就说明这个绑架犯必然是十分熟悉当地邮寄地址的人，最大的怀疑对象就是赎金寄达地点的邮局的邮差。

因为除了他以外，没有人能够收到，而且也不会引起怀疑。虽然办理邮包业务的负责人也有可能拿到赎金，但问题是无法确定地产大亨在哪一个邮局投寄赎金，所以能够收到的人只有收件地的邮差。因此，绑架者的真实身份就是当地的邮差。

78.谁的房间居中

丙的住房居中。根据题目中的条件，每个人的嗜好组合必是下列的组合之一。

（1）咖啡、狗、雪茄

（2）咖啡、猫、烟斗

（3）茶、狗、烟斗

（4）茶、猫、雪茄

（5）咖啡、狗、烟斗

（6）咖啡、猫、雪茄

（7）茶、狗、雪茄

（8）茶、猫、烟斗

根据“没有一个抽烟斗的人喝茶”可以

排除上面的（3）和（8）；根据“至少有一个养猫的人抽烟斗”，推断出（2）是某个人的嗜好组合；根据“任何两人的相同嗜好不超过一种”，可以将（5）和（6）排除；（4）和（7）不可能分别是某两人的嗜好组合。因此，（1）必定是某人的嗜好组合。

根据这一条件，还可以排除（7），于是，余下的（4）必定是某人的嗜好组合。

再根据“甲住在抽雪茄的人的隔壁；乙住在养狗的人的隔壁；丙住在喝茶的人的隔壁”这3个条件，可以推算出住在中间的人符合下列条件：抽烟斗而又养狗；抽烟斗而又喝茶；养狗而又喝茶。

既然这3个人的嗜好组合分别是（1）、（2）、（4），那么，住在中间的人的组合必然是（1）或（4），如下所示：

（2）（1）（4）；（2）（4）（1）

再根据“至少有一个喝咖啡的人住在一个养狗的人的隔壁”，那么，（4）不可能是居住在中间的人的组合。因此，根据“丙住在喝茶者的隔壁”，可以判定丙的住房居中。

79.古堡奇案

凶手是红蝙蝠。

能在古堡里夜夜出没，并迅速结束人的生命而不留伤痕的，只能是红蝙蝠。这种奇特的红蝙蝠长着像钢针一样锋利的嘴，专门在夜间出来觅食，乘人畜不备，能在瞬间将尖尖的嘴插入人和动物的大脑中，吮吸脑汁，可立即致人死亡。乞丐正是想到了这一点，才有十足的把握来破案。他在铁箱里等到午夜，红蝙蝠从古堡的顶部飞下来，向猴子猛扑过去，听到苏醒过来的猴子的一声惨叫后，乞丐迅速收紧了渔网，将红蝙蝠捉住。次日清晨，他才从古堡中安然无恙地走了出来。

80.神秘的电文

老李告诉大家，“朝”不是某个人的名字，而表示的是日期。这在中国古代汉语里是极其常见的。如果把“朝”字拆开则是“十月十日”，此外“朝”又有“早晨”之意，所以老李判断，接货时间应该是十月十日早晨。

第三部分　数字运算谜题

81.来回奔跑的小狗

姐弟二人准备带着小狗出去玩，弟弟先出门，以每秒0.5米的速度向前走；小狗也跟着他走。1分钟后，姐姐走出家门，以每秒1米的速度向前走。这时，小狗立即掉头向姐姐跑来，然后又掉头向弟弟跑去……这样，小狗在姐弟二人之间来回奔跑，直到姐姐追上弟弟为止。已知姐姐的行走速度是每秒1米，弟弟的行走速度是每秒0.5米，小狗奔跑的速度是每秒2米。从姐姐出门到姐姐追上弟弟为止，这条小狗大约奔跑了多少米呢？

82.百羊问题

甲赶了一群羊在草地上往前走，乙牵了一只肥羊紧跟在甲的后面。乙问甲："你这群羊有一百只吗？"甲说："如果再有这么一群，再加半群，又加四分之一群，再把你的一只凑进来，才满100只。"请问甲原来赶的羊一共有多少只？

83.看数字猜成语

下面是一些数字，你能根据这些数字猜出相应的成语并填入括号吗？

3.5（ ）；

2＋3（ ）；

333和555（ ）；

9寸＋1寸＝1尺（ ）；

1256789（ ）；

12345609（ ）。

84.分几次过河

有37人要过河，但他们只有1只竹筏子，而且竹筏子每次只能乘坐5人。请问，这37个人至少要分几次才能全部过河？

85.该付多少钱

小兰、小玉、小琴3人合买了1只烤鸭。小兰买烤鸭的头，小玉买烤鸭的翅膀，小琴买烤鸭的其他部分。烤鸭的头重6两，烤鸭的头和翅膀的重量之和刚好等于其余部分的重量，而且，烤鸭的头的一半重量加上烤鸭的其余部分的一半重量刚好等于烤鸭的翅膀的重量。已知，烤鸭的头是2元1斤，翅膀是4元1斤，其余部分是6元1斤。请问，她们每人该各付多少钱？

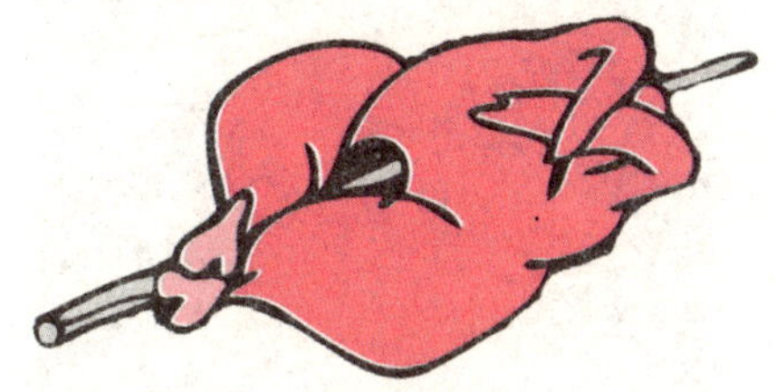

86.均分干粮

9个人在野外迷了路，早晨一看，他们带的干粮只够吃5天了。第二天，他们又遇到了同样迷了路的另一批人。不巧的是，这批人带的干粮刚好吃完了，也就是说，他们必须靠第一批人剩下的干粮来维持生命。两批人合计了一下，剩下的干粮只能吃3天。根据上面提供的条件，你能算出第二批人的数量吗？

87.巧填不等式

把1、2、3、4、5、6、7、8、9这9个数分别填入下面的9个圈内，使不等式成立。

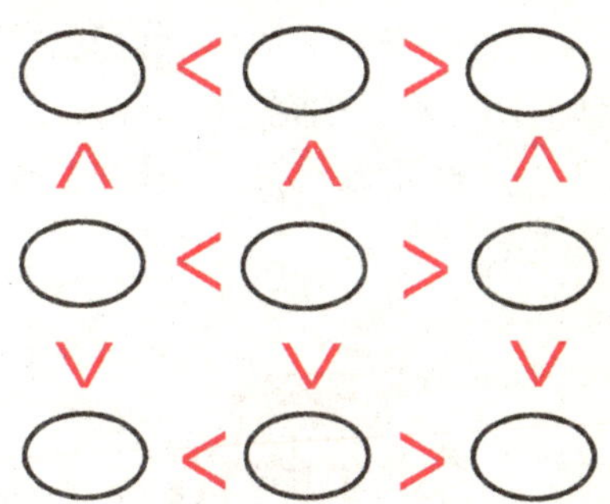

88.观众的数量

由于特殊原因，某歌星的演出现场只来了一位观众。幸好这个观众又叫来了10个朋友一起观看，但人数还是太少了，于是，这些观众又每人叫来10个朋友，大家一看座位空下的还是太多，每人又叫来10个朋友。为了让演出看起来更热闹，这些观众们又每人再叫来10位朋友。终于，这场尴尬的演出变得热闹起来，你能用最快的时间推算出现场一共有多少观众吗？

89.推算时间

有一天，小明发现自己的手表不走了，就问身边的小红现在的具体时间。聪明的小红对她说："如果再过1999小时2000分钟2001秒，我的手表正好是12点。你自己算算现在的具体时间吧！"小明一听，就被这几个数字吓傻了。小朋友，你能帮助小明猜出小红说的是几点吗？

90.交换核桃

姐妹二人各有一筐不同数量的核桃。如果姐姐给妹妹100颗核桃的话，她们就有同样多的核桃；如果妹妹给姐姐100颗核桃的话，姐姐拥有的核桃数量就是妹妹的2倍。你知道姐姐和妹妹原来各有多少颗核桃吗？

91.算数量

甲、乙、丙3人跟着大家一起去植树，植完回来，有人问甲："你们3人各植了多少棵树？"甲说："我植的树是我们3人中植得最少的。并且我们3个人植的树的乘积是84。"丙说："我植的树是甲和乙所植的树之和。"请问，你知道他们每人究竟植了多少棵树吗？

92.各多少斤

小霞家今天来了许多客人，小霞的爸爸特意买了3种水果，苹果、香蕉和葡萄。小霞看着这些水果，连忙问爸爸它们有多少斤。爸爸笑着说："我来考考你，它们一共重16斤。苹果最重，苹果的重量减去香蕉的重量刚好是葡萄重量的平方。香蕉的重量中等，它的重量减去葡萄的重量正好是苹果重量的平方根。那么你来猜一猜，这3种水果各有多少斤呢？"

93. 寻找假面具

有9个形状和规格都相同的面具，里面混有1个假面具，假面具的重量比真面具的重量略重，现在要求你用一架没有砝码的天平把假面具找出来，而且最多只能称2次。

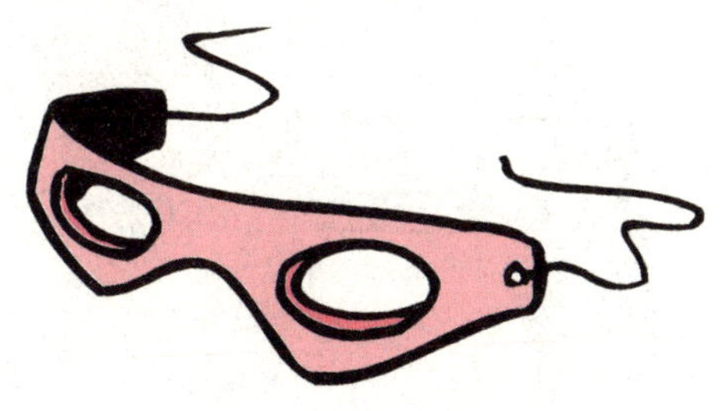

94. 钱变少了

大嫂和二嫂一起去早市上卖鸭蛋。大嫂的鸭蛋大一点，所以打算卖1块钱2枚，二嫂的鸭蛋较小，打算卖1块钱3枚。刚到早市，大嫂就临时有事回家了，临走时，她让二嫂负责帮她卖掉。大嫂走后，二嫂发现，她们两人的鸭蛋每卖掉5枚可得2块钱，若将两人的鸭蛋混到一起卖，卖2块钱5枚，不就可以节约时间了？于是，二嫂将两人的鸭蛋混到一起卖，可是到最后，她惊讶地发现，总收入比事先算好的要少7块钱。

请问，这到底是怎么回事呢？两人一共有多少枚鸭蛋呢？

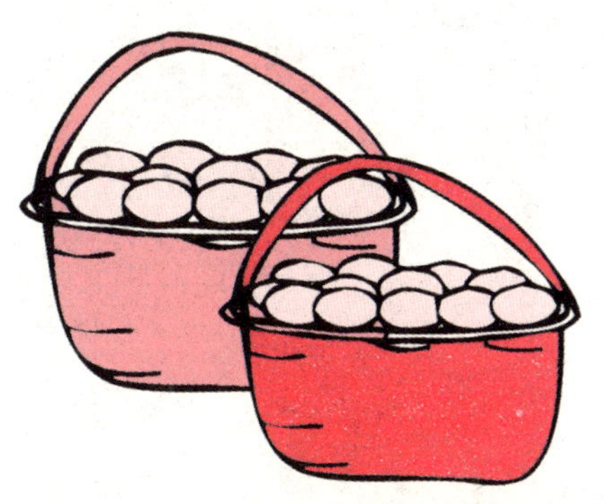

95. 选日子

玛丽和彼尔结婚，他们把结婚的日期放在了下面10组日期中，让好朋友安娜和杰克猜，他们把月告诉了安娜，把日告诉了杰克，再看谁能猜对他们定的结婚的日期是哪一天。这10组日期是：

3月4日，3月5日，3月8日，6月4日，6月7日，9月1日，9月5日，12月1日，12月2日，12月8日。

安娜猜了一会儿，说：“如果我猜不对，杰克也就猜不对。”不料，杰克却说：“本来我也没有把握选对，但是现在我已经猜出正确的日子了。”安娜一听，恍然大悟，说：“哦，我也知道正确的日子是哪一天了。”

聪明的你，能不能猜出正确的日期呢？

96. 共有多少个9

请你快速说出1~100中，有多少个9。

97.兔子吃萝卜

3只兔子在一起吃萝卜。小兔子说："如果有一片萝卜地让我自己吃，我6个小时就能将它们全部吃完。"兔子妈妈说："我3个小时就能吃完。"兔子爸爸听了哈哈大笑说："你们吃得真慢，我只要2个小时就能吃完了。"请问，如果这3只兔子一起吃萝卜，则需要多少时间能将这块地上的萝卜全部吃完呢？

98.灵活的4

你能用4个数字"4"，以及"加"、"减"、"乘"、"除"和括号，表示出结果为0、1、2、3、4、6、7、8、9、10的等式吗？

比如：（4＋4）×（4－4）＝0。

99.几人做对

一共有50个人做题，做对A题的有40人，做对B题的有31人，两道题都做错的有4人。那么，你知道有几个人将两道题都做对了吗？

100.卖沙发

某人卖了两个旧沙发，得到210元钱，但因为两个沙发的新旧程度不一样，所以价钱也不一样。其中一个沙发使这个人赚了10%，另一个沙发却使这个人赔了10%，但总体算来，这个人还是赚了5%。你能根据这些条件，算出这两个沙发原来的进价是多少吗？

101. 按劳分配

一亩地由12小块方地组成，赵四和王五负责在这一亩地上种豆子，他们的工钱是100元，赵四负责的撒一小块地的种子需要40分钟，埋土用去同样的时间。王五撒一小块地的种子需要20分钟，但他埋2小块地的时间，赵四能埋3小块地。一直到播种完，他们都以正常的速度在工作，而且他们俩都是在自己种地，自己埋土。现在，请你算一算，该怎样分配工钱才能体现按劳分配的原则呢？

102. 数鸡蛋

有一堆鸡蛋，若把它排成列，则每5个一列、9个一列、13个一列、17个一列，都会剩下3个。已知鸡蛋的总数不超过10000个，那么，你能推算出这些鸡蛋究竟有多少个吗？

103. 极速营救

某旅游点发生了事故，一辆失控的汽车很可能向悬崖开去，营救人员急忙跑去营救。营救人员跑步的速度比失控汽车的速度快1倍，汽车在距路边悬崖80米的位置上，营救人员在汽车后面100米的位置上。现在，他们如果同时启动，营救人员能在汽车开进悬崖之前追上汽车吗？

104. 各有多少支

班主任用100元钱买了100支笔，其中，每支钢笔是10元，每支圆珠笔是3元，每支铅笔是0.5元。现在，你能根据这些条件，用最快的速度推算出班主任分别买了多少支钢笔、多少支圆珠笔和多少支铅笔吗？

105. 分啤酒

在一次同学聚会上，有人提议将所有的啤酒拿出来分给参加聚会的人。参加聚会的同学一共有100人，班长拿出100瓶啤酒，先给自己留下了1瓶，然后按照男同学每人2瓶、女同学2人1瓶的原则分下去，结果正好合适。那么，你知道这些参加聚会的同学中，除班长外，有多少个男同学、多少个女同学吗？

106. 赛跑

跑步比赛中，只有甲、乙、丙3人进入了决赛。已知跑道长50米，甲每分钟能跑2圈，乙每分钟能跑3圈，丙每分钟能跑4圈。如果这3人并排在起跑线上，同时往一个方向跑，请问，经过几分钟后，他们自出发后第一次并排在起跑线上？

107. 奔跑的老三

老大和老二从相距400米远的两地同时沿直线相向而行，他们的速度都是2米/秒，在他们起步的一瞬间，老三从老大那里跑向老二，速度是3米/秒，当他遇到老二后，再转身跑向老大，就这样依次在老大和老二之间来回跑，直到老大和老二相遇。那么，你知道在这个过程中，老三共跑了多少米吗？

108. 百鸡问题

这也是一个古老的题目，传说是陶渊明发现的。题目如下：

公鸡每只值5文钱，母鸡每只值3文钱，小鸡每3只值1文钱。现在用100文钱买100只鸡。问100只鸡中，公鸡、母鸡、小鸡各多少只？

109.木棍的长度

一根木棍插入水中，浸湿的部分是1.8米，再掉过头，把另一端插入水中，这时，这根木棍还有比一半多1.2米的地方是干的，那么，这根木棍有多长呢?

110.挥发的液体

有一整瓶挥发性液体，第二天挥发后变为原来的1/2瓶，第三天变为第二天的2/3瓶，第四天变为第三天的3/4瓶。请问，第几天时，液体还剩下1/30瓶?

111.投资

甲和乙两人一起开了一个饭店，甲投入的资金是乙的1.5倍。在饭店开张前，丙也提出要入伙，并拿出250万元来投资。经协商，3个人想让各自的股份相等，所以决定由甲和乙两人分摊丙投入的这250万元。那么，甲和乙各自该分摊多少钱呢?

112.同年同月同日生

假设某单位有3个分公司，每个分公司有10个部门，每个部门有52个人，如果这些人中的90%都是1978~1980年出生的，那么他们中有多少人是同年同月同日生的呢?

113.击鼓传花

一群人围成一个圆圈，玩击鼓传花游戏，从A开始，按照顺时针方向传，当传到B时，鼓声正好停止。这时人们发现，若从A开始按照顺时针方向数，B刚好是第六个，并且，他的下一个正好与A面对面。你能根据这些条件，迅速判断出这个圆圈一共围了多少人吗？

114.推算日期

有一天，小明发现日历牌已经有3天没有翻了，就一次翻了3张。他发现，这3张的日期加起来，得数恰好是33，已知道当月有30天，那么，你知道这一天是几号吗？

115.硬币的数量

有面值为8分、1角和2角的3种硬币若干个，总价值为1元2角2分，则硬币至少有多少个？

116.填数谜题

这是一道数形结合的谜题，请你先观察各图形与它下面各数间的关系，然后在问号处填上一个适当的数。

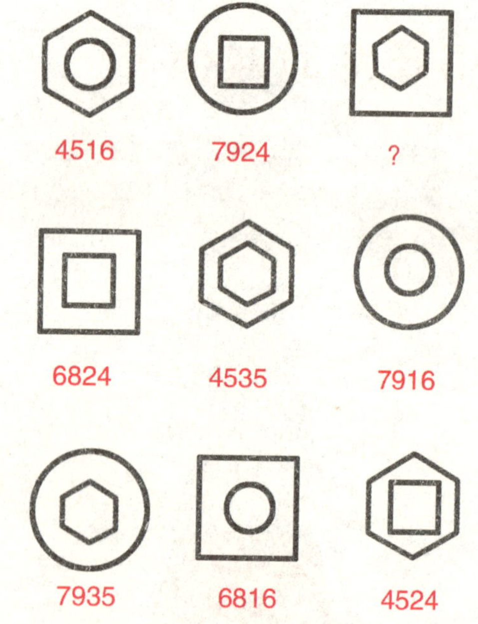

117. 割草

这是由彼得罗夫出的一道著名的难题，因托尔斯泰的推广而广为人知。题目是这样的：一批人要把两片草地的草全部割掉。两片草地中，大的一片草地比小的一片草地大一倍。上午，这批人在大片的草地上工作，午后分成两组，一半人继续在大片草地上割草，到傍晚收工时恰好割完；另一半人到小片草地上割草，到傍晚收工时剩一小块。这一小块改日由一个人去割，恰好需要一天的时间。请问，这批割草的人共有多少人？

118. 计算面积

如图，在一个正三角形中内接一个圆，圆内又内接一个正三角形。请问：外面的大三角形和里面的小正三角形的面积比是多少？

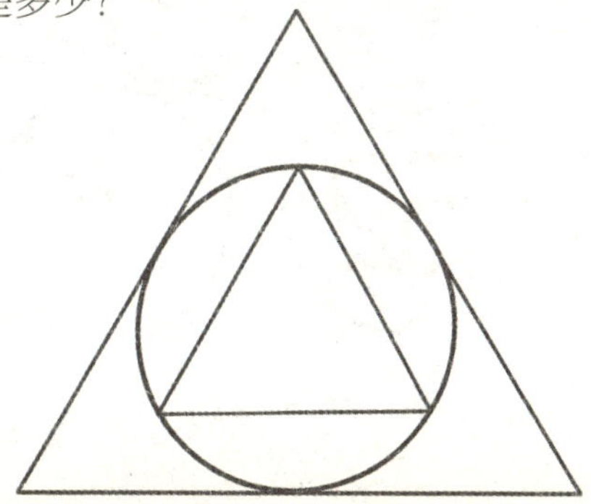

119. 苹果树

老园丁从苹果树上摘下来一堆苹果，青苹果与红苹果的个数比例为2∶5，后来有人又放入2个青苹果，结果比例变成了1∶2，那么，你知道这堆苹果原来有多少个吗？

120. 酸奶的重量

有一个人得到了一瓶酸奶，但是他不知道酸奶的重量，只知道连瓶子一共重3.5公斤，当他喝去一半酸奶后，连瓶子重2公斤。请问，原来瓶子中的酸奶有多重？瓶子有多重？

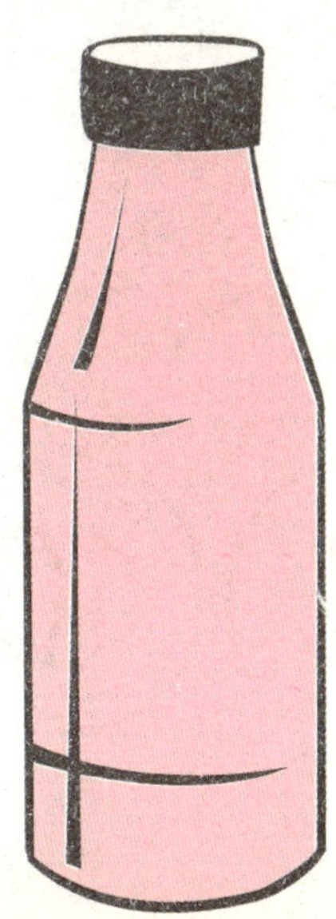

121.组合画笔

一次，欢欢和妈妈一起去超市，欢欢非常喜欢超市漂亮的画笔，就让妈妈买给他。妈妈看了看画笔，然后对欢欢说：“你看这些画笔，有16支装的，有17支装的，还有24支装的、39支装的和40支装的。如果你能用几盒刚好组合成100支画笔，我就给你买。”

聪明的欢欢想了想，马上告诉了妈妈他心中的组合方式。妈妈高兴地为欢欢买下了画笔。请问，你知道欢欢是怎样组合的吗？

122.分卢布

3个好姐妹去餐厅洗碗挣钱，她们做了一天，共挣得770个卢布。然后，她们按照在洗碗的过程中每个人的速度来分配这些卢布，她们洗碗的时候，速度是这样的：当大姐洗4个碗时，二姐只洗了3个；而当大姐洗了6个碗时，三妹洗了7个。

请问，在分卢布时，3个姐妹各应该分到几个卢布呢？

123.找规律

下图有一组数字，你能根据前几位数字的规律，将问号处的那一个数字添上吗？

3	10	24	52	?

24. 考试题

张老师为他的学生出了100道选择题，评分规则是做对一题得1分，做错或不做扣0.5分。结果，高强得了91分，你能算出他做错或没做的题有几道吗？

125. 神秘的算式

富豪临走前留下了一张纸条，并放在了电脑旁，纸条上写有这样一个算式——101 × 5，很明显，富豪是想告诉家人一些事。富豪有一个聪明的儿子，他看出了其中的端倪，急忙说："爸爸可能遇到大麻烦了！我们要赶快报警。"那么，你知道富豪到底想跟家人说什么吗？

126. 骗钱

一个骗子到商店用100元面值的钞票买了9元钱的东西，售货员找了他91元，这时，他又称自己有零钱，给了售货员9元，而要回了自己原来的100元。请问，他骗了商店多少钱？

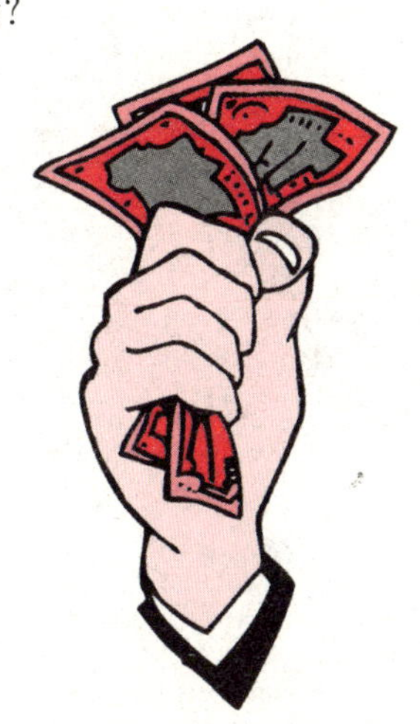

127. 标准时间是几点

兄弟二人各有一只手表，哥哥的手表显示时间每小时比标准时间快1分钟，弟弟的手表显示时间每小时比标准时间慢3分钟。

如将这两只手表同时调到标准时间，结果在24小时内，哥哥的手表显示10点整时，弟弟的手表恰好显示9点整，那么，此时的标准时间是多少呢？

128.沿周长挂气球

在圆形建筑周围挂气球，把气球挂在距离建筑物均为3米的圆周上，按弧长计算，每隔2米挂1个气球，共挂了314个。请问，建筑物的周长是多少米？

129.植树

一条公路长450米，绿化人员要在公路两旁植树，计划为每隔15米种1棵杨树，在每相邻的2棵杨树间再种1棵梧桐树。那么，一共可以种多少棵梧桐树呢？

130.计算长度

在一个直径为100米的圆形场地上，建有一座长方形的游泳馆，其长边的长度为80米，并且又在这座游泳馆内建有一座菱形游泳池，菱形游泳池的顶点正好接在长方形游泳馆各边的中点上。请问，游泳池的泳道长多少米呢？

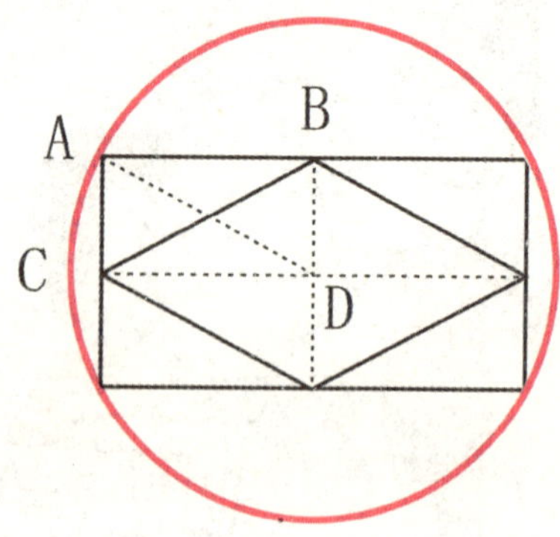

131.数字城堡

如图所示，有一座数字城堡，假设你现在必须要进入这座城堡，但是你只有将3~29这27个数填入适当的空格中，使1~30每相邻两个数所在的方格之间始终保持等距（等距即两方格中心点间的距离相等）才能进入，那么，你该怎么填呢？

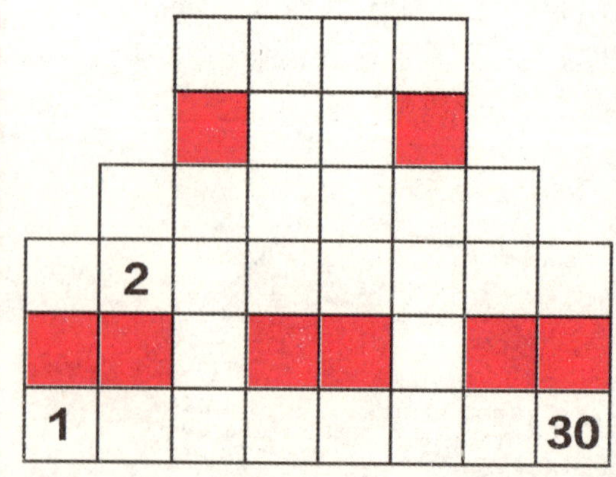

32. “鬼谷子算”

我国有一道中外闻名的计算题，被称为孙子定理”或“鬼谷子算”等。

题目是这样的：“今有物不知其数，三数之剩二，五五数之剩三，七七数之剩，问物几何？”

意思是：现有一些物品，不知道它的体数目是多少。以3个来计数（3个3个地），最后剩下2个；以5个来计数，最后剩3个；以7个来计数，最后剩下2个。请问，些物品至少有多少个？

133. 火速到达

在一次演习训练中，假定离消防队12公里外的森林发生了火灾，上级命令60名消防战士火速前往扑灭大火，规定务必在1小时内赶到现场。已知，战士们步行要走2小时才能到达，如果乘汽车则只需24分钟，但是，汽车只能容纳一半人，如果汽车跑两趟将战士运到现场，肯定会超过时间，那么，怎样才能让全体人员按时到达呢？

34. 丢失的数字

如下图，在这个简单的图形中，丢失了4个数字，你能把它填上吗？

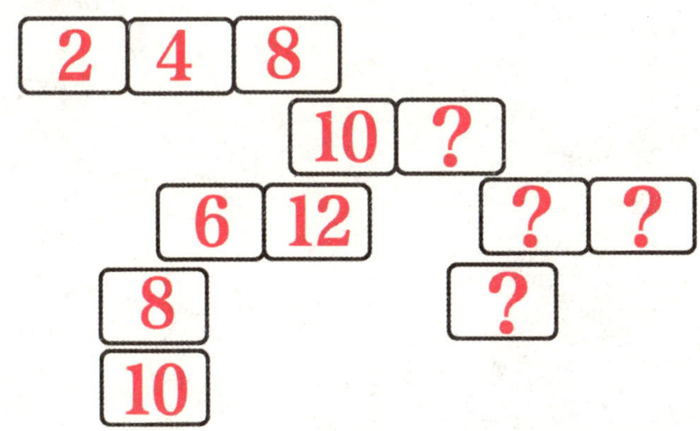

135.走了多少米

已知小红从一个点出发，向前走了1米，然后向左转15度；再向前走1米，然后再向左转15度……请问，如果小红按照这种规律走下去，她可以回到出发点吗？如果可以的话，她一共走了多少路程呢？

136.平均速度

马先生和朋友开车到外地去，路上他偶尔看了一下车内的里程表，发现里程数竟然是左右对称的数字，即58985，一个小时以后，马先生又看了一下公里数，发现表上显示的又是一个左右对称的数字。请问，你知道马先生这辆车在这段时间里的平均速度是多少吗？

137.计算速度

一个人在甲、乙两地之间走了一个回。去时的速度是每小时15公里，回来时速度是每小时10公里，请问，这个人一来回的平均速度是多少？

138.放羊

村里的13个孩子赶着羊到山上去，过一会儿，有两个孩子要去找水源，所以就他们的羊平均分给了另外的11个孩子，不多不少。已知，其中一群羊有44只，请问，能算出另一群羊至少有多少只吗？

参考答案

01

81.来回奔跑的小狗

120米。

假设弟弟所用时间为t秒，那么姐姐所用时间为（t - 60）秒，即0.5t = 1（t - 60），得出t = 120秒，小狗奔跑时间与姐姐所用时间相同，奔跑速度为每秒2米，即小狗奔跑距离为2 × 60 = 120米。

82.百羊问题

原来那群羊的只数为1，那么，原来那群羊只数的（1 + 1 + 1/2 + 1/4）倍正好是99只，所以可列下式计算：（100-1）/（1 + 1 + 1/2 + 1/4）= 36只。亦可用方程式解，设原来羊有x只，那么，$x + x + \frac{1}{2}x + \frac{1}{4}x + 1 = 100$只，所以，计算可得，x = 36只。

83.看数字猜成语

3.5（不三不四）；2 + 3（接二连三）；333和555（三五成群）；9寸 + 1寸 = 1尺（得寸进尺）；1256789（丢三落四）；12345609（七零八落）。

84.分几次过河

至少9次，因为每次都要有1人将竹筏撑过来。

85.该付多少钱

设翅膀重x两，烤鸭的其他部分重y两，那么6 + x = y；$3 + \frac{1}{2}y = x$，得出x = 12两，y = 18两；小兰需付1.2元；小玉需付4.8元，小琴付10.8元。

86.均分干粮

3个人。

不用方程解：第一批人在没有见到第二批人的时候，干粮只能吃4天。与第二批人遇后，干粮只能吃3天。也就是说，第二批在3天中吃的干粮是第一批人每天吃的量。一批人共9人，因此第二批人就是3人。

用方程解：假设第二批人数是x，那据题意列出方程：（9 + x）× 3 = 9 ×（5 1），得出x = 3人，即第二批人是3人。

87.巧填不等式

中间的圆圈对四周的圆圈都是大于号所以中间圆圈内应填上最大的数9；4个角的圆圈对它们相邻的圆圈都是小于号，所应该把4个最小的数1、2、3、4填在4个角圆圈内；每条边中间的圆圈都小于9而大1、2、3、4，所以这4个圆圈内可填上5、6 7、8；适当调换1、2、3、4和5、6、7、8位置，就可以得出所有的解。

答案不止一种哦！

88.观众的数量

一共有14641个观众。第一次请来观众人，总共就有11人；这11人再请来观众，总数变成11 + 11 × 10 = 121（人）……以此类推，总数为11 × 11 × 11 × 11 = 14641（人）。

9.推算时间

7点6分39秒。因为1999小时2000分钟01秒是2032小时53分21秒，除去中间是12倍数的2028小时，剩下的时间是4小时53 21秒。这个题可以化简为再过4小时53分秒就是12点。所以，现在的具体时间就是点6分39秒。

0.交换核桃

姐姐有700颗核桃，妹妹有500颗核桃。

假设姐姐有x颗核桃，妹妹有y颗核桃，么$x-100=y+100$，$2(y-100)=x+100$；出$x=700$（颗），$y=500$（颗）。即姐姐700颗核桃，妹妹有500颗核桃。

1.算数量

甲、乙、丙分别植了3、4、7棵树。

我们可以把84拆分成3个不同的数字，得3种情况：3、4、7，2、6、7，2、3、14，根据题目中丙所述，显然只有3、4、7是成的。

2.各多少斤

苹果9斤，香蕉5斤，葡萄2斤。苹果重的平方根为整数，可知其为4或9，又知其最重的，所以为9，其余水果重量即可推。

3.寻找假面具

先把9个面具分成编号为1、2、3的3堆，堆有3个。把1、2两堆分别放在天平的左右端，如果平衡，则假面具就在3里。如果不衡，哪堆重一些，假面具就在哪堆中。然再把假面具那堆中的2个面具分别放在天平左右两端，如果平衡，剩下的那个就是假的，如果不平衡，哪端重一些，哪一个就是假的。

94.钱变少了

二嫂实际上是将大嫂的一部分鸭蛋便宜卖了。本来两人分开卖时的收入之和是：$1/2+1/3=5/6$元。现在合起来卖，2元5枚，也就意味着每卖1个鸭蛋将损失：$(5/6)\div 2-2/5=1/60$元，一共损失了7元，也就是$7\div(1/60)=420$。因此，两人一共有420枚鸭蛋。

95.选日子

9月1日。

先看安娜，她知道月份，而且断定杰克也不知道，说明安娜自动排除7日和2日。由此推出月份只能是3月或9月。杰克根据安娜的话，也得到这样的结论，他又知道日，自然知道结果。我们可以推出日子为3月4日、3月8日或者9月1日。再看安娜，她也能猜出，显然如果安娜拿的是3月，这两个日子不能排除，安娜拿的只能是9月。因此正确的日子是9月1日。

96.共有多少个9

20个9。因为90到99的范围内就有11个9。

97.兔子吃萝卜

1小时能吃完。可以这样分析：小兔子每小时吃1/6萝卜，兔子妈妈每小时吃1/3萝卜，兔子爸爸每小时吃1/2萝卜，所以正好1小时吃完。

98.灵活的4

$(4+4)\div(4+4)=1$

$(4\times4)\div(4+4)=2$

$(4+4+4)\div4=3$

$4\times(4-4)+4=4$

$(4+4)\div4+4=6$

$(4+4)-4\div4=7$

$4+4+4-4=8$

$4\div4+4+4=9$

$(44-4)\div4=10$

99.几人做对

25人。

根据题意，“两道题都做错的有4人”，显然有46人至少做对一道题，再根据别的条件，两道题都做对的应该是40＋31－46＝25人。

100.卖沙发

一个沙发进价为50元，另一个沙发进价为150元。解析时可列方程式，设一个进价为x元，另一个进价为y元，则（x－y）（1＋5%）＝210；10%x－10%y＝（x＋y）×5%。

101.按劳分配

各得50元。因为赵四撒一小块地的种子用40分钟，那么撒6小块地就要用240分钟。因为他撒一小块地的时间与埋土的时间相同，所以他种完6小块地共用480分钟，也就是8小时。王五种其余6小块地，他撒种子用了120分钟（撒一小块地20分钟），埋土用了360分钟，种完地共用了480分钟。也就是8小时。这样，他们俩做了等量的工作，用了相同的时间，工钱应两人均分，各得50元。

102.数鸡蛋

9948个。先求出5、9、13、17的最小公倍数，再加3即得出答案。

103.极速营救

不能。因为汽车开进悬崖后，营救人还有20米没有跑。

104.各有多少支

5支钢笔，1支圆珠笔，94支铅笔。可方程式解答，设钢笔共X支，圆珠笔共Y支铅笔共Z支，则10X＋3Y＋0.5Z＝100，X＋Y Z＝100；即可得到答案。

105.分啤酒

男同学33人，女同学66人。

假设男生为x人，女生为y人，则x＋y 99人，2x＋ y/2 ＝99，解方程式即可。

106.赛跑

1分钟。

这道题的数字很多，但是根据题意，这人每分钟都跑了整数圈，又知3人开始时在跑线的位置相同，显然1分钟后他们又会并在起跑线上。

107.奔跑的老三

300米。老大和老二的速度都是2米／秒他们将在路程的中点相遇，用时是100秒。这100秒的时间内，老三以3秒／米的速度跑只能跑300米。

108.百鸡问题

有3种可能：

公鸡4只，母鸡18只，小鸡78只；

公鸡8只，母鸡11只，小鸡81只；

公鸡12只，母鸡4只，小鸡84只。

这道题我们同样可以列方程求解，只过，方程的值不是唯一固定的。假设公鸡母鸡、小鸡的数量分别是x、y和z只。根

意，得出：$x+y+z=100$；$5x+3y+z/3=$
)。

显然z一定是3的倍数。我们先把x和y都z表示，得到：$x=4z/3-100$；$y=200-$/3。已知这几个数字都是正整数，$4z/3-$)>0；$200-7z/3>0$。显然z大于75，小于，那z的取值只有78、81和84这3种选择，然都不矛盾，从而推出公鸡、母鸡和小鸡数量有3种可能。

09.木棍的长度

9.6米。设木棍的总长为x，那么干的部为$x/2+1.2$，列方程得：$2\times1.8+x/2+1.2=$ 解得$x=9.6$。

10.挥发的液体

第30天。

根据题意，假设原来数量为1，显然第二的数量为1/2，第三天的数量为1/3，第四天数量为1/4，以此类推，得出第30天的数量1/30。

11.投资

甲该得200万，乙该得50万。250万元买的股份，那么，这个饭店的总投资应该是0万元。由于甲掌握的股份是乙的1.5倍，那，他的股份就是450万元，乙的股份是300万。如果让3位合伙人的股权相等，都是250万，那么甲该得到200万元，乙该得到50万元。

12.同年同月同日生

至少有2个。全单位共有$52\times30=1560$，1978~1980年出生的人有$1560\times90\%=$)4人，这3年中共有1096天，因此可以推出少有2人同年同月同日生。

113.击鼓传花

12人。B的下一个也就是第七个，刚好与A面对面，即两人左右间隔的人数都是5人。

114.推算日期

13号。

这道题很容易推断出来。先推出掀开的中间那天日期为11号，显然今天的日期要加2天，为13号。

115.硬币的数量

至少有9个。要使硬币最少，则应尽量多地使用大面额的硬币，因为总价值中含有2分，故推出至少有4个8分值的硬币。则1元2角2分减去8分$\times4=$3角2分后，还剩下9角。故应再使用4个2角和1个1角面额的硬币才能使硬币最少。

116.填数谜题

6835。

因为六边形在图形外面表示45，在里面表示35；圆在外面表示79，在里面表示16；正方形在外面表示68，在里面表示24。

117.割草

这批割草的人共有8人。

设共有x个人，则割完两片草地需要$x+1$个工作日时，其中大片草地需要$2/3(x+1)$个工作日时，实际上，全体割草人在大片地上割了半天，用$1/2x$个工作日，一半人又在大片草地割了半天，用$1/4x$个工作日，由此可列出以下方程：$2/3(x+1)=1/2x+1/4x$，解$x=8$。

118.计算面积

4 ：1。把小三角形颠倒过来，就能立刻看出大三角形是小三角形的4倍。

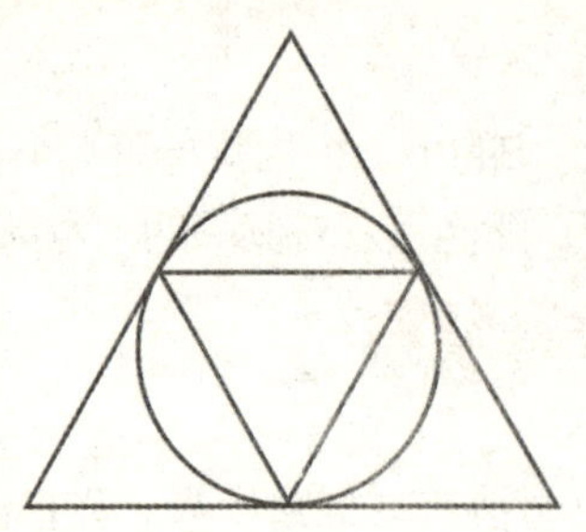

119.苹果树

28个。

假设青苹果原来有2x个，红苹果有5x个。而后来青苹果变成了2x + 2个，根据题意，得出：（2x + 2）：5x = 1：2，解出x = 4，显然这堆苹果原来有7x个，即28个。

120.酸奶的重量

酸奶重3公斤，瓶子重0.5公斤。

一半酸奶的重量为3.5-2 = 1.5公斤，所以酸奶的重量为1.5 × 2 = 3公斤。瓶子的重量为3.5-3 = 0.5公斤。

121.组合画笔

16支装的2盒，17支装的4盒，共6盒，100支。

这道题考察100的拆分方法，先排除39、24和40几种，因为这几种无论怎么调整，都得不出100。再看16，如果只有16，则最多为6个16，余数为4。一一尝试，排除5、4、3和1个16的情况，得出16支装的有2盒的可能，从而得出17支装的有4盒。

我们也可以分别列出题目中这几个数字的倍数，从而观察得出答案。

122.分卢布

大姐264个，二姐198个，三妹308个。

显然，3人应该按照速度比进行分配。据题意，大姐和二姐的速度比为4：3，大和三妹的速度比为6：7。4和6的最小公倍为12，显然三者的速度比为12：9：14。再770分成12 + 9 + 14 = 35份，显然每份是22布，从而得出：大姐分264卢布，二姐分1卢布，三妹分308卢布。

123.找规律

108。

规律为每个数的2倍再加上4。

124.考试题

6道。

设没做或做错的题为x，则做对的题100-x道。由题意列方程得：（100-x）× 0.5x = 91，得x = 6，所以，正确答案是6道。

125.神秘的算式

想求救。因为，101 × 5 = 505，而505在算器的液晶显示屏还可看作“SOS”，即国上通用的呼救信号。

126.骗钱

他骗了91元钱。

这道题应该从售货员角度考虑，售货总共给出了91元和价值9元钱的东西，而仅收回来9元钱，显然被骗了91元钱。

127.标准时间是几点

此时的标准时间是9：45。由题意可知哥哥的手表每小时比弟弟的手表多走4分钟因哥哥的手表比弟弟的手表多走1小时，故用了15分钟。因此，哥哥的手表比标准时多走15分钟。

28.沿周长挂气球

先求出挂气球线路的长。挂气球线路一个圆的周长，这个圆的周长是2 × 314 628（米），这个圆的直径是：628 ÷ 3.14 200（米）。由于气球是挂在距离建筑物为3米的圆周上，所以圆形建筑物的直径：200 - 3 × 2 = 194（米）。那么圆形建筑的周长是：194 × 3.14 = 609.16（米）

综合算式：

（2 × 314 ÷ 3.14 - 3 × 2）× 3.14

=（200-6）× 3.14

= 194 × 3.14

= 609.16（米）

29.植树

60棵。每隔15米种1棵杨树，2棵杨树间又种1棵梧桐树，即每隔15米有1棵梧树，且比杨树少1棵，那么一边刚好是50 ÷ 15 = 30棵。因为路两边都有，所以为0棵。

30.计算长度

泳道的长度BC等于从菱形中点（即圆心）圆形场地边的距离AD（长方形对角线相），亦即等于圆形场地的半径，即50米。

31.数字城堡

132.“鬼谷子算”

本题有多种解法，主要介绍以下两种：

方法1：

先寻找“用3除余2”的自然数，有5、8、11、14、17、20、23、……、128、……

再寻找“用5除余3”的自然数，有8、13、18、23、……、128、……

再寻找“用7除余2”的自然数，有9、16、23、30、……、128、……

于是发现，符合题意的自然数有23、128、……其中最小的一个数是23，就是本题的答案。

方法2：由条件知，这个数除3和7都余2，就有23-2 = 21，21能被3和7整除。

133.火速到达

将60名战士平均分为2组，甲组乘车，乙组步行与汽车同时出发，车行16分钟甲组战士下车步行，汽车回去接乙组战士，并将其送到现场。这样，全体人员都能准时到达。

134.丢失的数字

其实很简单，当数字水平地从左移到右时，就乘以2；当数字依对角线从上往下移时，就加2。具体如图：

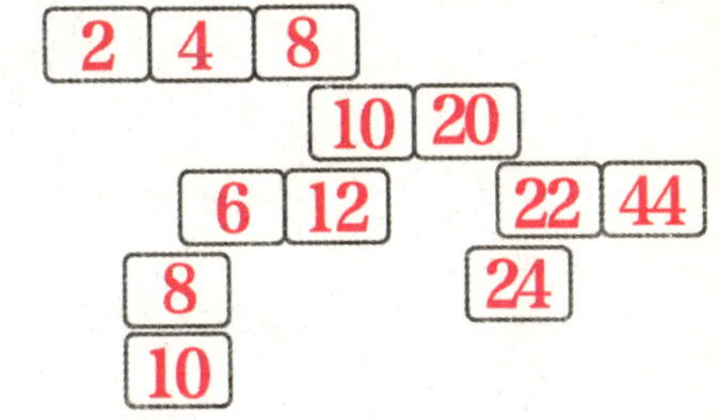

135.走了多少米

她可以回到出发点。一共走了24米。

136.平均速度

110公里/小时。

比58985更大的两个对称数是59095和59195，这两个数与58985的差分别是110和210。目前，我国公路还不允许汽车时速达到210公里/小时，因此，马先生的平均速度应为110公里/小时。

137.计算速度

12公里。

千万不要很快就得出12.5公里的答案，因为要考虑时间因素。假设甲、乙两地相距30公里，那么可以算出来回时间是（30/15）+（30/10）=5，那么平均速度就是60/5=12。

138.放羊

至少有99只。

11和13的最小公倍数是143，这就是羊的总数，143-44=99，这就是另一群羊的数量。

第四部分　语言文字谜题

139. “绝妙好辞”

相传汉代有一个孝女，名叫曹娥。她死后曾有人在其坟前立碑刻字表彰她的孝行。当时，著名的学者蔡邕看过碑文后，便在碑的背面让人刻了8个大字：“黄绢幼妇，外孙韭臼”。后来曹操路过此处，看到这8个大字后，很长时间没有弄清楚它的意思，直到上马走出好远，才悟出了这8个字原来是一句隐语，谜底是“绝妙好辞”4个字。

你知道曹操是如何分析这8个字，从而得出“绝妙好辞”这个结论的吗？（提示：韭是和姜蒜一样的辛辣食品）

140. 拼省名

下图是用23根火柴摆成的图案。请你仔细观察图案，移动其中的4根，将它变成两个汉字，并使它们连起来是我国的一个省名。

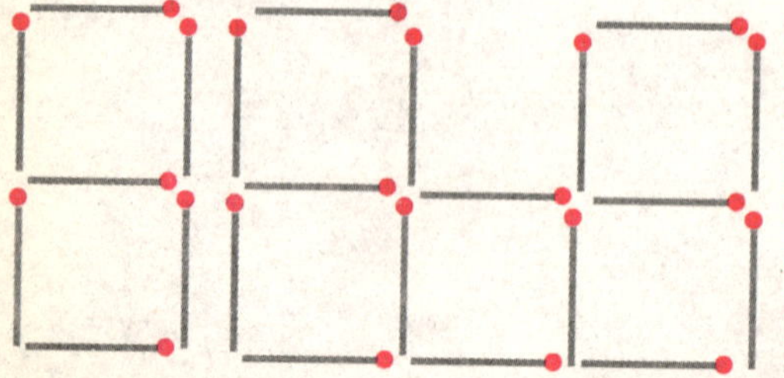

141. 不淘金也能发财

19世纪中叶，一股淘金热在美国加州出现。许多人都以为发财的时机到了，便纷纷跑去淘金。17岁的亚默尔也跟随着人们一起来到加州。可是，几个月过去了，仍然没有淘到一点金子，连吃饭的钱都快用光了，特别是那里水源奇缺，花钱买来的那点水，有时候还不够解渴的。而且，这个地方十分荒芜，自然条件十分恶劣。在这种艰苦的环境下，亚默尔开始对淘金能发大财产生了怀疑。他想，要发财，就不能总是跟在别人后面，要敢于走自己的新路。后来，亚默尔放弃了淘金，但是并没有离开那个地方，他在当地做起了生意，赚了很多钱。你知道他做的是什么生意吗？

142. 无赖和愚蠢

一次，谢里登访友归来时，在伦敦街上迎面碰上了两位皇家公爵，他们平时总爱讽刺这位作家出身的议员。他俩假装很热情地与谢里登打招呼，其中一个拍拍他的肩膀说：“嗨，谢里登，我们正在讨论你是更无赖些呢还是更愚蠢些呢。”“哦，这样啊。”谢里登立即用两只手抓住他们，平静地说了一句话，便使这两位公爵无地自容。你知道他是怎么说的吗？

43. 贵族

在一次联合国大会上，英国工党的某位交官同苏联的一位外交官莫洛托夫发生了争。争辩中，他忽然用莫洛托夫的出身来攻击方："莫洛托夫先生，你是贵族出身，而我祖祖辈辈都是矿工，我们两个人，究竟谁能表工人阶级呢？"他本来想让莫洛托夫尴，但令他没有想到的是，莫洛托夫镇定地："你说得很对，我出身贵族，而你出身于人家庭。不过……"话音刚落，英国工党的位外交官便哑口无言了。

请问，你知道莫洛托夫的后半句话是什么吗？

44. 猜字

什么字，一滴水？什么字，两滴水？
什么字，三滴水？什么字，四滴水？
什么字，六滴水？什么字，十滴水？
什么字，十一滴水？

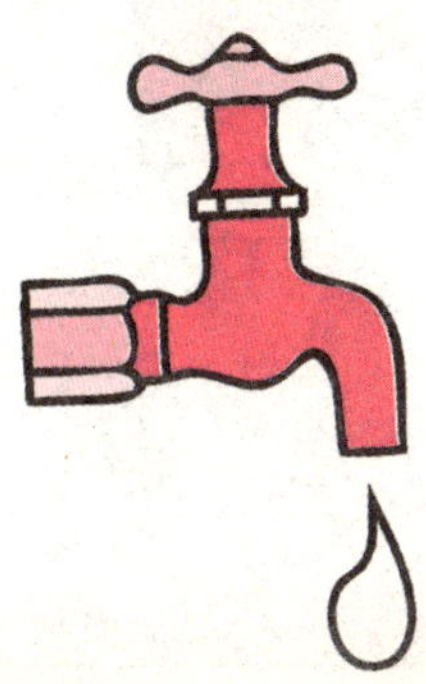

145. 谁更贪吃

一次，欢欢和朋友们在一起吃西瓜。看到他大吃的样子，朋友们想取笑他，就偷偷把所有的西瓜皮都扔到了他身边，吃完西瓜后，一个朋友说道："看，欢欢多馋啊！西瓜皮剩下了一大堆。"于是大家捧腹大笑起来。这时，欢欢抹抹嘴，平静地说："你们更馋……"

聪明的你，能猜出欢欢的后半句话吗？

146. 巧用标点

天空突降大雨，一个寒酸的书生到一客栈投宿，老板见书生一脸穷酸相，认为书生不会有钱付住宿费，便不愿意接待他，并在纸上写了一句话，打算让书生看后自己走人。纸上这样写道："下雨天留客天留人不留"。书生一看纸条，就明白了客栈老板的意思。但是外面下着大雨，他实在没有地方可去，便自行念了出来："下雨天/留客天/留人不/留"

客栈老板一看，也就无话可说，只好给书生安排了房间。其实，这句话还有3种加标点的方法，可分别使它变成陈述、疑问、问答句3种句式，你能用这3种方法给句子加上标点吗？

147.动物诗

请你任选一种动物名称（蜻蜓、骆驼、鸳鸯、凤凰、蝙蝠、蝴蝶、鹦鹉），填入下面各句唐诗的括号中：

①合昏尚知时，（　）（　）不独宿。

②八月（　）（　）黄，双飞西园草。

③山石荦确行径微，黄昏到寺（　）（　）飞。

④毡包席裹可立致，十鼓只载数（　）（　）。

⑤晴川历历汉阳树，芳草萋萋（　）（　）洲。

⑥行到中庭数花朵，（　）（　）飞上玉搔头。

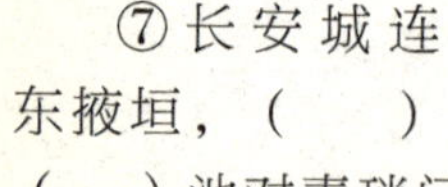

⑦长安城连东掖垣，（　）（　）池对青琐门。

148.巧组成语

下图的圆圈中，只需要填上合适的字就可以组成一组近似的成语，你能准确地填上这些汉字吗？

○波○○，○波○○
○夫○○，○夫○○
○年○○，○年○○
○可○○，○可○○
○事○○，○事○○

○为○○，○为○○
○不○○，○不○○
○则○○，○则○○
○高○○，○高○○
○者○○，○者○○

149.称赞

有一次，一位作家与一位夫人对坐天。作家对夫人说：“你看起来美极了。”夫人高傲地回答：“可惜我实在无法用样的方式称赞你。”对于夫人的傲慢无礼，作家一点也不介意，他只笑笑说：“没系。”便否定了自己刚才对这位夫人的赞。你知道作家是怎么说的吗？

150.推销自己的著作

著名小说家毛姆在成名之前，生活非艰苦，好不容易完成了一部很有价值的书，但由于种种原因，出版后一直无人问津。了引起人们对这部著作的关注，毛姆别出裁地在各大报纸上登了一则征婚启事。几天之后，毛姆的书就被抢购一空了。

请问，你知道毛姆的征婚启事都写了什么吗？

51.巧写奏本

明朝时，有一年某地发了大水，淹了十个村庄，但是灾区的税赋一点儿也没有减，这使灾民更加苦不堪言。已被罢官的赵星向皇帝奏本："泥河发大水，淹了五百，漂走一万家，还望开皇恩。"皇帝因此了高邑县百姓全年的捐税钱粮。

后来，有个奸臣告状，对皇帝说："高县的村加起来不过一百多个，哪来五百被淹？一万户漂走呢？"皇帝听后，一之下把赵南星抓了起来。要治他欺君之罪。赵南星争辩说："皇上，臣所奏句句属实，并无欺君之罪。"皇帝后来查明，他说的果然不假，便恕他无罪。

小朋友，你知道这到底是为什么吗？

152.字谜

"一个字，两个口，下面还有一条狗。"（打一个字）

"一个字，生得恶，四张嘴，一只脚。"（打一个字）

"一个字，生得怪，六张嘴，两个头，两只角。"（打一个字）

"高爷爷的头，李爷爷的脚，郑爷爷的耳朵。"（打一个字）

153.猜唐诗

大雪之后，苏东坡和秦少游走在铺满雪的小路上，苏东坡看到他们的脚印都被雪淹没了，便说："少游兄，以我们现在这个情景（雪径人踪灭）为题，请你猜半句七言唐诗如何？"少游想了一下，没有想出答案。他们继续前行，来到了一片林子的边缘，看到一群受到他们惊吓的麻雀慌乱地飞上天去。少游的灵感一下子来了，说道："我猜到了。我现在以此（雀飞入高空）为题，也打半句七言唐诗，而且我的这半句和你的那半句接起来就是一句七言唐诗。"说罢，两人相视一笑。其实，答案早已在他们的心中了。

请问，你能猜出这两个半句七言唐诗是什么吗？这句七言唐诗又是什么呢？

154.填字游戏

请仔细观察图中的各行字，并找出规律，然后在空格内填入适当的字。

大	夫	丰		悟
匣		柄	厅	茂
	酒	献	背	种
鉴	桃		炬	坚

155. 狄更斯的巧妙回答

一天，大作家狄更斯正在钓鱼，突然一个陌生人朝他走来，问道："你在钓鱼吗？"

"是啊！"狄更斯回答说，"今天钓了很长时间，还是没钓到一条鱼，可是昨天我在这里钓了15条呢！"

"啊，是吗？"陌生人惊喜地说，"先生，我是在这里专门检查钓鱼的。你知道这里是严禁钓鱼的，可是你昨天却钓了15条大鱼！"说着，就从口袋里掏出发票本，要向狄更斯索要罚款。

但是，当狄更斯回答后，却没有被罚。

你知道狄更斯是怎样回答的吗？

156. 赏字画猜唐诗

下面A、B、C、D、E5幅图片中，每一幅图片都是由一句唐诗组成的，请分别把它们写出来。

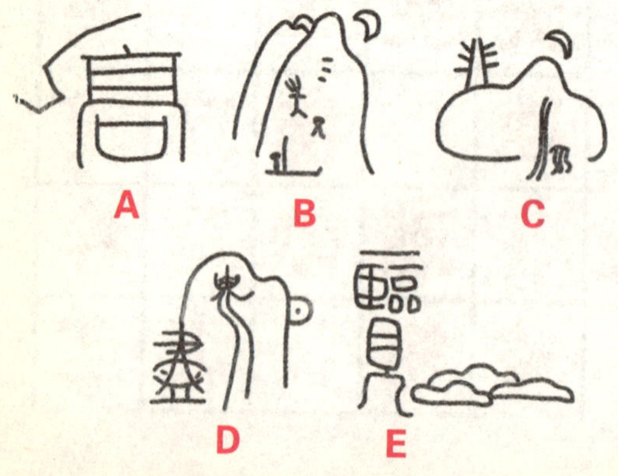

157. 心连心

请在下面的心形图案中填入适当的字，使它们组成相关的6条成语，已知3个心形图案内已有3个"心"字。要求"心"字在成语中的位置必须在第一个到第四个中至少有一个。

158. 加标点

有一个经典的谜语是这样的："一不出头，二不出头，三不出头。不是不出头，是不出头。打一字。"看了这个谜语后，许多人都被难倒了，不知道该如何去理解。其实，只要给这个谜语加上一些标点符号，就很容易猜出谜底了。那么，你能先给这个谜语加上适当的标点，再猜出谜底吗？

159. 出谜对答

据说有一天，李白正行走在金陵途中，一时口渴，但周围没有水，也没有酒，只有一家醋店。于是，他走进了店里。李白心想：无酒无水，喝点醋也不错。尝了一口醋后，李白起了诗兴，便吟道：“一人一口又一丁，竹林有寺没有僧。女人怀中抱一子，二十一日酉时生。”

聪明的店家一听，便知道这4句诗是一个四字谜。店家想了一会，明白了其中的蕴意。于是心中大喜，连连说道：“谢谢夸奖，请继续品尝！”饮完醋后，李白又说了4句：“鹅山一鸟鸟不在，西下一女人人爱。大口一张吞小口，法去三点水不来。”聪明的店家一听，再次解出谜底，连忙拱手告别：“客官，祝您一路平安！”

小朋友，你能不能也像店主一样猜出李白这两首诗的内容呢？

160. 象棋成语

如图，根据棋盘中的内容打两句成语。你能快速猜出来吗？

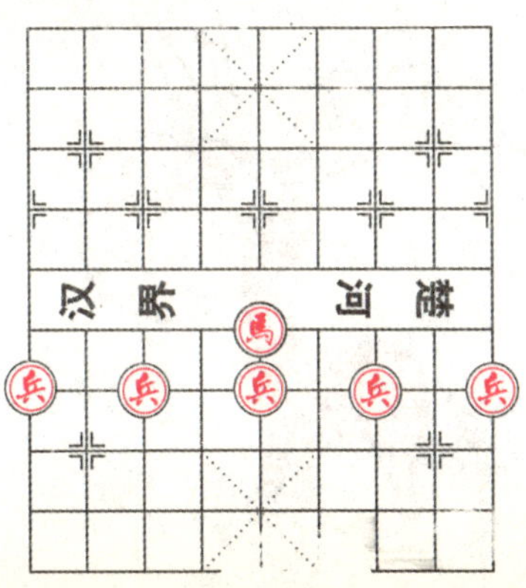

161. 破译密电

公安机关截获了某犯罪团伙的一封密电，用了一上午的时间才将它破译出来。电文如下：“吾合分昌盍旮垄聚鑫。”请问，你能破译这封密电吗？

162. 成语加减法

这是一道非常有趣的成语游戏，先看题目，然后在小括号内填入数字，并运用加减法使其变成完整的成语。

【1】成语加法

( ) 龙戏珠 + ( ) 鸣惊人 = ( ) 令五申

( ) 敲碎打 + ( ) 来二去 = ( ) 事无成

( ) 生有幸 + ( ) 呼百应 = ( ) 海升平

( ) 步之才 + ( ) 举成名 = ( ) 面威风

【2】成语减法

( ) 全十美 - ( ) 发千钧 = ( ) 霄云外

( ) 方呼应 - ( ) 网打尽 = ( ) 零八落

( ) 亲不认 - ( ) 无所知 = ( ) 花八门

( ) 管齐下 - ( ) 孔之见 = ( ) 落千丈

163. 曹操的字谜

曹操不仅是东汉末年有名的政治家、军事家，还精通文学，且有着很深的造诣。据说，有一天，他造了一个谜语想考考两个儿子的才华，题目是这样的：一对燕子绕天飞，一只瘦来一只肥；一年四季来一次，一月倒要来三回。打一个字。

聪明的你能猜出答案来吗？

164. “5”字中的成语

下面的图是由方格组成的阿拉伯数字“5”，现在，请你把“不”“开”“百”“以”“花”“为”“然”“争”“齐”“道”“岸”“家”“锣”“放”“貌”“鸣”16个字填在格子里，使之横竖读起来都是成语。

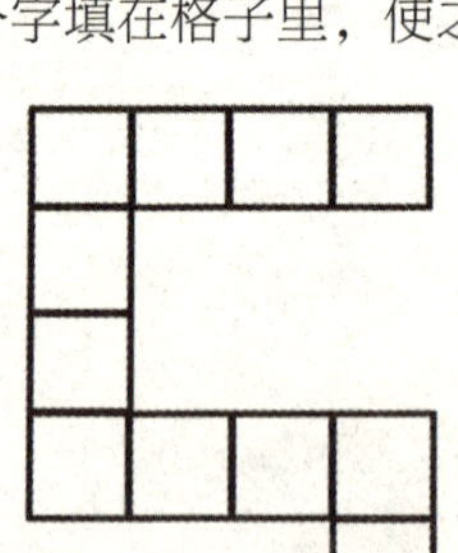

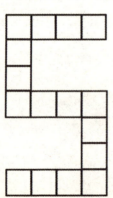

165. 字谜

时值二月，哥哥考了妹妹一个字谜，并答应要是妹妹能猜出答案，他就给妹妹一包糖果作为奖励。谜语是这样的：“二月身相靠，非‘朋’又非‘冒’，若当‘昌’字猜，算你猜错了。”机灵的妹妹想了想，很快就猜出了答案。你知道这个字谜的谜底是什么吗？

166. 语言的力量

一次，有个人想捉弄德国著名诗人海涅，因为海涅是犹太人。便对他说道：“我去过一个小岛，那岛上什么都有，唯独没有的就是犹太人和驴了。”听了如此带有侮辱性的语言，海涅并没有发怒，只平静地说了一句话，就让那人“落荒而逃”了。聪明的你，能猜出海涅说了一句什么话吗？

167.诅咒

一天，阿凡提跟皇帝的一个侍卫官开玩笑，说："我看你两天以后就会死！"巧合的是，两天后，那个侍卫官果然从马上跌下来摔死了。

皇帝很迷信，认为阿凡提会念咒语，担心阿凡提也会诅咒他死。于是，就下令把阿凡提处以绞刑。在阿凡提被押往刑场的路上，皇帝傲慢地问道："你知道你自己什么时候死吗？"阿凡提知道皇帝即将处死他，心里暗想脱身之计，于是哈哈大笑，说出了自己的死期，这可把皇帝吓坏了。皇帝立即下命令把阿凡提放了，还叫他多多保重。你猜他是怎样回答的呢？

168.精神病院

德国大音乐家瓦格纳的学生，奥地利作曲家胡戈·沃尔夫在37岁时被认定为精神失常，而且被送进一家精神病院，但他认为自己是个正常人，不应该进精神病院。

"那只钟有毛病吗？"沃尔夫指着医院餐厅里挂着的一只钟说。

"它走得很准。"护士回答说。

沃尔夫立即问了一句话，让护士惊讶不已，不得不在心里认为沃尔夫真的是正常人。

聪明的你，猜猜沃尔夫问了护士什么？

169.改片名猜成语

这是一道妙趣横生的文字游戏，已知图表中的错误片名中，每部影片名都有一个错字，请你改正片名后，根据意思填出一句成语（如下表）。

序号	错误片名	改正片名	猜成语
例	陈奂中上城	陈奂生上城	无中生有
1	张二嫂改嫁		
2	小二白结婚		
3	煤店旧主人		
4	二十次列卒		
5	但愿己长久		
6	伪是烦死人		
7	激战无实川		
8	长虹号起生		
9	最聪暗的人		
10	英雄坦克病		

170. 一幅字谜

据说，北宋大文豪苏轼有一次到妹妹苏小妹家中做客。饭后，妹夫秦观陪苏轼到书房小憩，苏轼看见书桌上有一幅秦观的字谜，上面写着："我有一物生得巧，半边鳞甲半边毛，半边离水难活命，半边入手命难保。"

苏轼看完，对秦观说："妙，妙，妙！"于是随手提起笔来，也写了一个字谜："我有一物分两旁，一旁好吃一旁香，一旁眉山去吃草，一旁岷江把身藏。"写毕，秦观拍手道："真妙！真妙！"

苏小妹听了，也走进书房，问道："什么东西如此之妙？"俯身看罢，也信口说道："我有一物长得奇，半身生双翅，半身长四蹄，长蹄的跑不快，长翅的飞不好。"说完，苏轼、秦观异口同声地说："妙极了，妙极了！"

他们3个人说的是同一个字谜，那么，你能猜出字谜的谜底是什么吗？

171. 冻雨洒窗

有一天，明代文学家蒋焘的父亲在家待客，客人是一位有着很高学问的人。谈话间，外面下起了小雨，点点滴滴淋湿了窗户，客人一时兴起，马上道出了一个上联，让在座的人对答：

冻雨洒窗，东二点，西三点。

这句是拆字联，是把"冻""洒"两字拆成"东二点""西三点"，与景物相映，显出了奇妙之处。在座的人都努力思索，左思右想，可是谁也对不出下联来，屋内一片寂静。

这时，站在一旁的蒋焘一眼看到父亲用来待客的切好的西瓜，于是脱口而出，对出了下联。大家听了齐声叫好。

试问，他对的下联是什么呢？

172. 一百一十一座庙

传说有一个小木匠跟着鲁班学艺。有一次，小木匠跟随师父到密林中去修筑寺庙。一天，师徒二人走在密林中，遇到了一棵古柏和一块怪石，鲁班看了看古树和怪石说："这古树怪石，真是罕见啊。"小木匠也觉得这古树和怪石是个罕见的宝贝，便脱口而出道："师父，要是在石头上建座庙，岂不甚好？"鲁班看了看小木匠，便说："好啊！你就试着在这儿修建一百一十一座庙吧。"小木匠硬着头皮答应了师父，心里却一点底都没有，他想，这块石头虽大，但根本容不下那么多庙啊！不过，聪明的小木匠经过冥思苦想，最终还是想到了建庙的方法。

小朋友，你知道小木匠是如何建造这一百一十一座庙的吗？

73. 横竖填成语

请在下图的空格中填上适当的字，使其黄竖读起来都是成语。

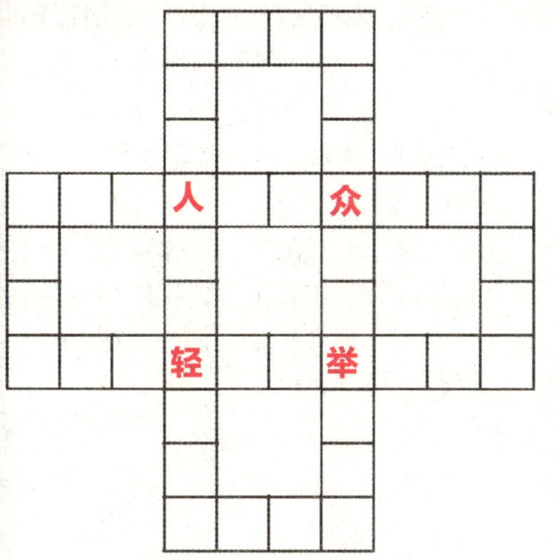

74. 国王的军舰

德皇威廉二世设计了一艘军舰，请国际著名的造船专家对此设计做出鉴定。过了几周，造船专家送回其设计稿并写了这样的意见：“陛下，您设计的这艘军舰威力无比、坚固异常，并且十分美丽，称得上空前绝后。它的速度之快前所未有，它的武器也是世上最强大的。舰内的设备会使舰长到见习水手的全部成员感到舒适无比，您这艘辉煌的战舰，看来只有一个缺点，那就是……”

你知道造船专家说的缺点是什么吗？

175. 刘墉死里逃生

清朝大学士刘墉博学多才，能言善辩，深得乾隆皇帝的赏识，乾隆皇帝也经常出难题故意考他。有一次，乾隆问刘墉：“刘爱卿，忠孝二字该怎么解呢？”

刘墉说道：“君要臣死，臣不得不死，此为忠；父要子亡，子不得不亡，此为孝。”

乾隆皇帝一听刘墉的回答，立即想到了一个刁难他的主意。便说：“那我以君的身份，命你即刻就去死！”

刘墉一听，便知道皇帝是在故意考自己，但也不敢不领皇命，便马上答道：“臣领旨。”

“你打算怎么个死法呢？”乾隆问道。

“臣打算跳河。”

“那好，你去吧！”

乾隆皇帝知道刘墉肯定不会跳河的，他只是想看看刘墉能用什么方法逃过这一死。

过了一会儿，乾隆皇帝就见刘墉跑了回来，便故作怒颜道：“大胆刘墉，你怎么还没死？”

刘墉镇定地回答道：“回皇上，不是臣不想死。只是刚才臣到了河边，正要往下跳的时候，屈原从水里向我走过来，他拍着我的肩膀说‘刘墉，你怎么能跳河呢？’”乾隆皇帝听后便哈哈大笑，说道：“好一个刘墉，朕算是服了你了。”

小朋友，能猜到刘墉后面说的话是什么吗？

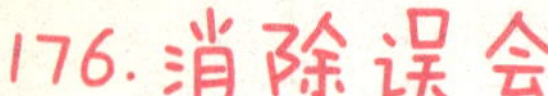

176. 消除误会

饭店新来了一位服务员叫小华。一天，小华端着一盘名为“双龙戏珠”的名菜，准备给点此菜的9号桌送去，经过8号桌边时，坐在8号桌上的一位男青年问道：“这是我的吗？”忙碌的小华边走边说：“对不起，这不是你吃的，是……”话未说完，“啪”的一声，小华手中的菜已经被冲动的男青年打翻在了地上。“你敢小看我，以为我吃不起？”男青年愤怒地吼道。这引来了客人们的关注，饭馆老板赶紧赶来解释，将小华的话改了一个字，那位男青年总算消了气。那么，老板是怎样解释的呢？

177. 接成语

这是一道典型的成语接龙题，下面的成语中，前一个成语的末字是它后面那个成语的首字，这在修辞上叫“顶真”。请在它们之间的括号内填入一个字，使每组成语连接起来。

今是昨（ ）同小（ ）望不可（ ）以其人之道，还治其人之（ ）体力（ ）若无（ ）在人（ ）所欲（ ）富不（ ）至义（ ）心竭（ ）不胜（ ）重道（ ）走高（ ）沙走（ ）破天（ ）天动（ ）利人（ ）睦相（ ）心积虑

醉生梦（ ）去活（ ）去自（ ）花似（ ）树临（ ）调雨（ ）手牵（ ）肠小（ ）听途（ ）长道（ ）兵相（ ）二连（ ）言两（ ）重心（ ）驱直（ ）不敷（ ）其不（ ）气风（ ）扬光（ ）材小（ ）兵如（ ）采飞（ ）眉吐（ ）象万（ ）军万（ ）到成（ ）败垂（ ）千上（ ）古长（ ）红皂（ ）日做（ ）寐以（ ）同存（ ）想天（ ）天辟地

178. 该向哪里走

据说江南才子唐伯虎曾经到百里之外的深山老林里拜师，他要拜的是一位另辟蹊径的能作奇画的隐士。但是，隐士的家在哪里却无人知晓。

唐伯虎经过多方打听，终于知道了隐士家的大概位置，他按照打听来的路线走，走了很久，来到了一个三岔路口，对于面前的左、中、右3条路，唐伯虎不知道该走哪条路，一时停住了脚步。

正在这时，迎面来了一位打着伞的姑娘，唐伯虎犹豫了片刻，决定冒昧向这位姑娘问路，因为路上实在没有看到其他行人。于是唐伯虎恭敬地问道：“请问这位姐姐，去梅庵朱隐士家该走哪条路呢？”

这姑娘不敢与陌生人说话，只拣了根树枝在地上写了一个“句”字，便朝前走了。

唐伯虎想了一会儿，终于恍然大悟，于是按照那姑娘所指的方向继续前行，终于找到了那位隐士。

小朋友，你能猜出这位姑娘给唐伯虎指的是哪条路吗？

179. 改对联

从前有个傲慢专横的进士，总是喜欢炫耀自己的才华。过年时，他为了炫耀自己的才华，在自己的大门上贴了这样一副对联：

父进士子进士父子皆进士

婆夫人媳夫人婆媳均夫人

正巧，有个穷秀才路过他家门时看见了这副对联，对他这种不可一世的态度十分鄙视。夜晚，他趁四下无人时悄悄地将对联上的字加改了一些笔画。第二天一大早，进士的家门前就围满了一大堆看热闹的人，有人笑，有人嘲讽，还有人叫道：“改得好！改得好！”

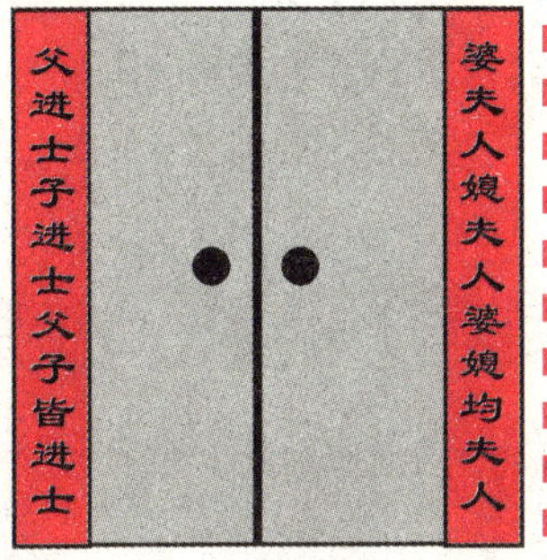

进士一看对联，立即气昏了过去。你知道秀才是如何改对联的吗？

180. 猜姓氏

老王参加一个朋友的婚礼，在宴会上，有一个中年男子主动向老王打招呼。老王一时之间忘记了对方的姓名，便礼貌地问道：“恕我最近记忆力不好，请问您贵姓？”中年男子听后，将一个米老鼠玩具放到一只盘子上，说：“王先生，这就是我的姓氏。”老王立即就明白了对方姓什么。

请问，你知道对方姓什么吗？

181. “诈骗”新闻

罗布斯是一家报社的记者，为了得到新闻，他经常在电话里冒充有关人物进行“诈骗”。

有一次，某市发生了警察和罪犯的枪战，一些警察受了伤，被送到一家医院接受治疗。罗布斯知道这一消息后，立刻以“警察局长”的身份给这家医院打电话，他说：“我是警察局长，你们那儿现在的情况怎么样？”对方一听是警察局长，便十分耐心地向他报告了很多内幕，罗布斯非常感动，打算在自己得到的消息里把这位报告人的姓名公布出来，于是，他很客气地说：“谢谢你，你能不能告诉我你的姓名和职业呢？”

结果，对方的回答令罗布斯大吃一惊！从那以后，他再也不敢在电话里诈骗了。

那么，小朋友，你知道对方说了什么吗？

182. 虎字成语

你能不能在方框中填入适当的字，使它与“虎”字组成成语。

			虎
		虎	
	虎		
虎			
虎			
	虎		
		虎	
			虎

虎			
	虎		
		虎	
			虎
			虎
		虎	
	虎		
虎			

183.纵横交错

请依据条件，在以下图表中填上适当的字，具体条件如下：

横向：

1. 中国古代的一部著名的数学专著。
2. 成语，指不顾事实，随口胡说。
3. $CaSO_4 \cdot 2H_2O$的俗称。
4. 由独立形体组成的汉字，比如“日”“水”等就由独立形体组成。
5. 金庸著作《射雕英雄传》中的丐帮帮主，他教会郭靖“降龙十八掌”。
6. 电视剧《封神榜》中“顺风耳”的兄弟。若作词语讲，则形容眼光敏锐、看得远。
7. 明清时科举制度下的一种考试文体。
8. 成语，形容非常悲痛。
9. 成语，比喻在别人急需的时候给予物质或精神上的帮助。
10. 金庸的一部武侠小说。
11. 含有两种中国神话动物的一句成语，比喻珍贵而且稀少的事物。
12. 中国每年8月1日的节日。

纵向：

一、“孤舟蓑笠翁”的下一句。

二、长篇小说的一种体裁，《三国演义》和《水浒传》就属于这种体裁。

三、我国传说中的百鸟之王。

四、谚语，礼物虽微薄，却含有深厚的情谊。

五、鳄鱼排除体内盐分的一种生理行为，也有人用来比喻假慈悲。

六、画角的器具，或指量角度的器具。

七、成语，第一个字是“雨”，比喻由黑暗到光明。

八、成语，意为无所适从，后形容心神不定。

九、传说中的张良的老师，传授给张良一部《太公兵法》。

十、中国共产党领导的抗日革命武装。

十一、一种文学体裁，高尔基的《海燕》就属于这种体裁。

1	二			■	2			九	■
■		■	■	五	■	■	■	3	
一 4			■		■	5	八		■
	■	■	■		■	■		■	十一
	■	四 6			■	■	7		
	■		■	8		七		■	
9				■	■		■	■	■
■	■		■	六	■	10		十	
■	三 11				■		■		■
■		■	■		■	■	12		

184.谎话

有个国王对一个能言善辩的人说："如果你能讲一段我从没听到过的谎话，我就赏1000银币给你，反之就罚100银币。"

这个人连讲3段谎话，国王听后都说早就听过了，于是罚了他300银币。这个人想，照这样下去，他无论说什么，国王只要说早就听过，就可以不断罚款。这可怎么办呢？后来，他终于想出来一段谎话，对国王说：

"哎呀，我记起来了，……"国王一听，从座位上跳了起来，急忙说道："胡说，我从未听说过这件事，这是彻头彻尾的谎话！"于是，国王只好赏了这个人1000银币。

你知道这个人是怎么说的吗？

185.不砍树的理由

一天，父亲带着儿子徐孺子去朋友家做客。不料，到朋友家的时候，朋友正在院子里砍树。父亲忙问："老哥，这么好的树，为什么要砍掉呀？"朋友说："院子方方正正，像个'口'字，树就是木，口中加木就是'困'，不吉利！"

站在一旁的徐孺子听了，便哈哈大笑起来。他对父亲的朋友说："叔叔，你要砍了这棵树，就更加不吉利！"说着，便给叔叔讲了一些道理。叔叔听了以后，立即笑着说："对，贤侄说得对，这树不能砍。"小朋友，你知道徐孺子说了什么道理吗？

186.比幽默

从前，欧洲有个国王想找一位既健康又幽默的青年给他当侍卫长，于是，他决定公开招聘，在全国各地贴出了招聘幽默侍卫长的布告。一周过去后，已有数百名青年落选。一天下午，一个小伙子胸有成竹地前来应聘。

"年轻人，"国王开门见山地开始考他，"你听着，我给你出一个谜语——'站也坐，卧也坐，行也坐'，说出谜底来吧！"

年轻人笑笑说道："陛下，我已经猜出来了——'行也卧，站也卧，坐也卧'，我这个谜的谜底能吃掉您那个谜的谜底。"

国王高兴极了，当即就让这个年轻人做了侍卫长。他对大臣们说："记住，幽默是上帝赐给聪明与快乐的人的特殊礼物。"小朋友，你能猜出国王和年轻人的谜底吗？

187. 最牛店牌

欧洲某个国家的人最讲究服装时髦、高雅，这是因为他们的裁缝勇于创新，手艺高超。只要一有新款式的服装出现，欧洲的富人就争先恐后地去这个国家买衣服、做衣服。

在这个国家的都城，有一条大名鼎鼎的小街，这条街上开着3家著名的裁缝店，是欧洲的贵族们非常喜欢光顾的地方。这3家裁缝店为了能招揽到最多的顾客，门店的招牌时常更换，比如“最雅缝纫店”“绝活缝纫店”“美妙缝纫店”等。

某天，一家裁缝店挂出了一个新的店名——“欧洲最佳缝纫店”。又一家也赶紧挂出了新店牌——“世界最佳缝纫店”。可是，谁也没有料到，当第三家店的店牌挂出来之后，另两家就彻底败阵了。因为他们即使绞尽脑汁，也无法想出在招牌上写什么文字可以压过这家了。不久，这两家店铺先后搬走了。

小朋友，你能猜出第三家缝纫店的店牌上写的是什么字吗？

188. 藏信之处

抗战时期，冀东山区某地有一个聪明的孩子，经常为八路军送信，大家都亲切地叫他“小八路军”。

有一天，上级让他将一封信送到某地某人的手里。小八路军接到任务后来到了约定的地点，不巧碰上鬼子正在这里扫荡，根本找不到接头的人。这时，他想起附近有一位常与八路军接头的老大爷，可以先把信藏在他家里。于是，小八路军迅速躲进了老大爷家，却不见老大爷的人影，他认为老大爷应该藏在附近的某个地方，小八路军就自己把信藏在一个既巧妙又安全的地方。信刚藏好，敌人就闯进来，把他抓走了，小八路军为了让隐藏在暗处的老大爷知道信藏在哪里，便灵机一动，一边被鬼子押着走，一边大声唱：“石山碰着石山，雷声不见雨点，上转下面不动，下雪不见寒冷。”躲在附近的老大爷听到这响亮的歌声后，一下子就明白了小八路军藏信的地方，最终帮助小八路军完成了任务。

你知道小八路军把信藏在哪里了吗？

189. 妙答警察

布朗科·纳戈斯基是美国一位杰出的足球运动员，也是球迷们的偶像。

有一天，他踢完比赛回来，在房间里和另一个队员打闹，不料一不小心，纳戈斯基从二楼的一个窗户上失足掉了下去，很快引来不少人的围观。幸运的是，纳戈斯基似乎没有什么大碍，他慢慢从地上站起来，摸摸脑袋，想看看头上有没有摔出伤口。这时，一个交通警察走了过来，他并不关心纳戈斯基有没有受伤，只是问他："出了什么事？"谁知，纳戈斯基的回答竟让警察一脸迷茫。

小朋友，你知道纳戈斯基是怎样回答的吗？

190. 成语迷宫

下图是一座成语迷宫，其中有10条成语首尾相接。请你从成语的首字开始，用一条不重复的线把它们连接起来。

天	经	天	冲	飞	一	鸣	惊
人	地	义	走	沙	鬼	神	人
不	义	达	石	破	天	共	灾
容	辞	不	道	乐	惊	怒	苦
久	治	长	安	贫	天	心	良
安	国	天	久	地	动	用	天
居	乐	手	勤	工	以	致	涯
事	业	精	于	俭	学	海	无

191. 为画题诗

有一次，清乾隆皇帝得到一幅《百鹅图》，高兴之余，便召集大臣们为这幅画题诗，许多大臣担心所题之诗会不得皇帝欢心，便畏缩着不敢落笔。这时，只见才子纪晓岚大笔一挥，写道：

"鹅鹅鹅鹅鹅鹅鹅，
一鹅一鹅又一鹅。"

刚写下两句，有些大臣便悄悄议论起来，认为这首诗根本没有任何意义，皇帝肯定会不高兴。但是，纪晓岚不动声色，接着写下了后两句。结果，乾隆皇帝看后，连忙拍手叫好。请问，你知道纪晓岚写的后两句是如何表达的吗？

192. 猜谜

炎热的夏天，爸爸给儿子出了一个谜语："不是溪流不是泉，不是雨露落草间，冬天少来夏天多，日晒不干风吹干。"儿子听后想了想，告诉爸爸他已经猜出了谜底。爸爸笑着让儿子说出谜底，儿子道："不是雨露不是泉，不是溪流也有源，在家少来下地多，它和勤劳紧相连。"爸爸一听，直夸儿子聪明。

小朋友，你能猜出谜底是什么吗？

193.摸金子的手

有一个寓言故事，说欧洲有个贪得无厌的国王，尽管收敛了全国的财物，还是终日想要更多的金子。

一天，他在花园里散步，忽然有个须发雪白的老翁出现在他的面前。老翁一手拄着拐杖，一手慢慢捋着胡须，神秘地对国王低声说："陛下，我是从天而降的神仙，我能满足你的一切心愿，请说吧。"

国王听后大喜，立即对老翁说："金子！金子！把我的双手变成'魔手'吧！让我摸到的一切东西都立刻变成金……"还没等他说完话，老翁就不见了。国王迫不及待地用手去摸一朵花，那朵花瞬间变成了一朵金花。他又去摸青草，青草就变成了金草。国王乐得快要发疯了，但很快，他的"魔手"就变成了灾难，国王恨不得立即废掉这双魔手。

请问，国王为什么由喜变悲呢？

参考答案

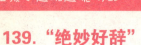

139.“绝妙好辞”

黄是颜色，绢是丝织品，色和丝在一起是“绝”字；幼妇是少女，即“妙”字。外孙是女儿的儿子，女与子即“好”字。臼是受辛之器，舌辛合在一起即“辞”的意思。

140.拼省名

山西。

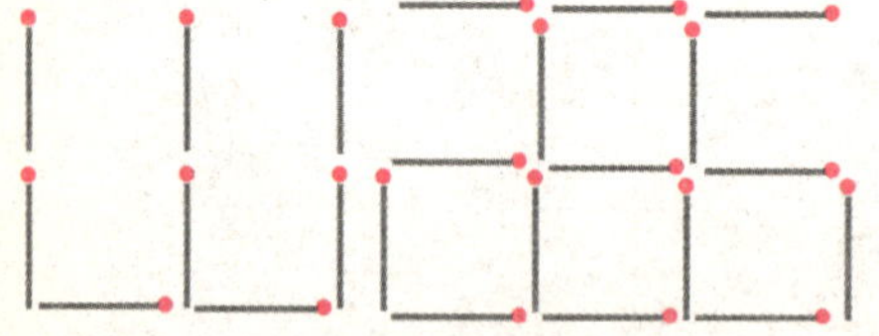

141.不淘金也能发财

矿山里气候干燥，水源奇缺。亚默尔就挖渠引水，经过过滤处理，变成清凉可口的饮用水，再把水装进桶里、壶里，卖给找金矿的人。由于来这里淘金的人很多，所以买水的人也很多，亚默尔的生意十分兴隆，就这样，他发了财。

142.无赖和愚蠢

我正处于这两者之间。

143.贵族

我们两个都当了叛徒啦。

144.猜字

永、冰、江、泗、洲、汁、汗。

145.谁更贪吃

连西瓜皮都吃了。

146.巧用标点

陈述句：“下雨天，留客，天留，人不留。”疑问句：“下雨天，留客天，留人不留？”问答句：“下雨天，留客天，留人？不留！”

147.动物诗

①鸳鸯 ②蝴蝶 ③蝙蝠 ④骆驼 ⑤鹦鹉 ⑥蜻蜓 ⑦凤凰

148.巧组成语

一波未平，一波又起
一夫当关，万夫莫开
十年树木，百年树人
只可意会，不可言传
成事不足，败事有余

宁为玉碎，不为瓦全
机不可失，失不再来
有则改之，无则加勉
道高一尺，魔高一丈
言者无罪，闻者足戒

149.称赞

夫人，您只要像我一样说假话就行了。

150.推销自己的著作

毛姆在征婚启事中写道：“本人喜欢音乐和运动，是个年轻又有教养的百万富翁，希望能和与毛姆小说中的主角完全一样的女生结婚。”

151.巧写奏本

原来，高邑城北有个名叫“五百村”的村庄，地势低洼，被大水淹了。“五百村”村头有个姓“万”的百姓，房屋被洪水冲走了。赵南星所奏的确是事实。

152.字谜

哭、甲、曲、郭。

153.猜唐诗

一行白路＋鸟上青天 ＝ 一行白鹭上青天。

154.填字游戏

各行字中分别含有：一二三四五；甲乙丙丁戊；东南西北中；金木水火土。因此，可填入置、艺、栋、泉。

155.狄更斯的巧妙回答

狄更斯说：“啊，先生，我是作家狄更斯，你真的以为我会钓那么多鱼吗？你也知道，虚构故事可是我的职业呀！”陌生人只好叹了口气离开了。

156.赏字画猜唐诗

A：北斗七星高；

B：山月随人归；

C：月出惊山鸟；

D：白日依山尽；

E：一览众山小。

157.心连心

158.加标点

“一‘不’出头，二‘不’出头，三‘不’出头，不是不出头，是‘不’出头。”谜底是森。

159.出谜对答

第一句的内容是“何等好醋”。第二句的内容是“我要回去”。

160.象棋成语

一马当先；按兵不动。

161.破译密电

读字的上半部分：五人八日去九龙取金。

162.成语加减法

【1】成语加法

（二）龙戏珠＋（一）鸣惊人＝（三）令五申

（零）敲碎打＋（一）来二去＝（一）事无成

（三）生有幸＋（一）呼百应＝（四）

海升平

（七）步之才＋（一）举成名＝（八）面威风

【2】成语减法

（十）全十美-（一）发千钧＝（九）霄云外

（八）方呼应-（一）网打尽＝（七）零八落

（六）亲不认-（一）无所知＝（五）花八门

（双）管齐下-（一）孔之见＝（一）落千丈

163.曹操的字谜

八。

164.“5”字中的成语

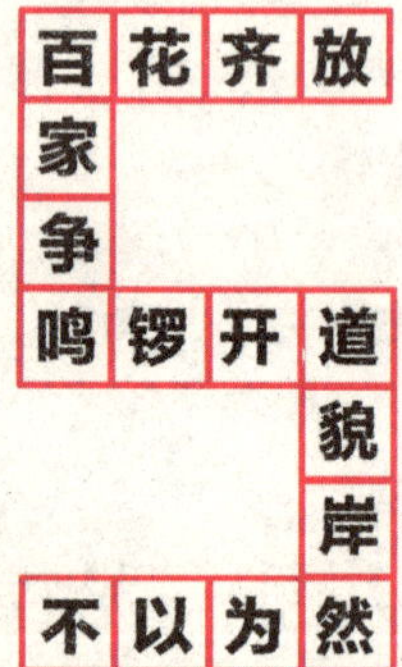

165.字谜

腻。

166.语言的力量

如果我和你去了，那就什么都有了。

167.诅咒

阿凡提说他会比皇帝早一天死。皇帝怕阿凡提死后，下一个就轮到自己，所以不敢对他处以绞刑。

168.精神病院

他问的是：“那他来精神病院干什么呢？”因为只有正常人才这样问。如果不正常，不会有“有病了才来精神病院”的心理预设。

169.改片名猜成语

1《李二嫂改嫁》，张冠李戴。

2《小二黑结婚》，颠倒黑白。

3《煤店新主人》，喜新厌旧。

4《二十次列车》，丢卒保车。

5《但愿人长久》，舍己为人。

6《真是烦死人》，去伪存真。

7《激战无名川》，有名无实。

8《长虹号起义》，舍生取义。

9《最聪明的人》，弃暗投明。

10《英雄坦克手》，手到病除。

170.一幅字谜

鲜（鲜）。

171.冻雨洒窗

蒋焘对的下联是：

切瓜分客，横七刀，竖八刀。

下联中把“切”“分”拆为横“七刀”竖“八刀”，以物叙事，上联和下联珠联璧合，极其贴切。

72.一百一十一座庙

鲁班说的“一百一十一座庙”用的是谐音，意思是“一柏一石一座庙”。

73.横竖填成语

74.国王的军舰

造船专家说的缺点是：只要它一下水，就会立刻沉入海底，如同一只铅铸的鸭子一般。

75.刘墉死里逃生

“当年楚王是昏君，我不得不死；可如今的皇上是非常圣明的啊，你怎么能死呢？你应该去问问皇上是不是昏君，如果皇上说是，你再死也不迟啊！”

76.消除误会

老板说：“这不是你点的，是9号桌点的。”

77.接成语

今是昨（非）同小（可）望不可（即）以其人之道，还治其人之（身）体力（行）若无（事）在人（为）所欲（为）富不（仁）至义（尽）心竭（力）不胜（任）重道（远）走高（飞）沙走（石）破天（惊）天动（地）利人（和）睦相（处）心积虑

醉生梦（死）去活（来）去自（如）花似（玉）树临（风）调雨（顺）手牵（羊）肠小（道）听途（说）长道（短）兵相（接）二连（三）言两（语）重心（长）驱直（入）不敷（出）其不（意）气风（发）扬光（大）材小（用）兵如（神）采飞（扬）眉吐（气）象万（千）军万（马）到成（功）败垂（成）千上（万）古长（青）红皂（白）日做（梦）寐以（求）同存（异）想天（开）天辟地

178.该向哪里走

左边的那条路。因为“句”字是“向”字去掉左边的一竖，而“向”字去掉左边的一竖即“向左一直去”。

179.改对联

父进士子进士父子皆进士

婆失夫媳失夫婆媳均失夫

180.猜姓氏

孟。盘子即“皿”，老鼠为十二生肖中的“子”，合起来即为“孟”。

181.“诈骗”新闻

对方说：“我叫莫里斯，是这里的警察局长。亲爱的‘警察局长’先生。”

182.虎字成语

生龙活虎　虎头蛇尾

龙潭虎穴　为虎作伥

骑虎难下　狼吞虎咽

虎视眈眈　降龙伏虎
虎背熊腰　三人成虎
养虎遗患　龙行虎步
龙吟虎啸　调虎离山
九牛二虎　虎口余生

183.纵横交错

横向：

1. 九章算术。2. 信口雌黄。3. 石膏。4. 独体字。5. 洪七公。6. 千里眼。7. 八股文。8. 泪如雨下。9. 雪中送炭。10.《天龙八部》。11. 凤毛麟角。12. 建军节。

纵向：

一、独钓寒江雪。二、章回体。三、凤凰。四、千里送鹅毛。五、鳄鱼的眼泪。六、量角器。七、雨过天晴。八、七上八下。九、黄石公。十、八路军。十一、散文诗。

184.谎话

这个能言善辩的人说："哎呀，我记起来了。在先父遗物中，我见过一张借据，是您父亲亲手写的，向我父亲借了1万银币。"

185.不砍树的理由

砍了树后，院子里就只剩下人，于是变成了"囚"，"囚"比"困"更不吉利。

186.比幽默

国王的谜底是青蛙；青年的谜底是蛇。

187.最牛店牌

招牌上写着：本街最佳缝纫店。

188.藏信之处

把信藏在了石磨中。

189.妙答警察

纳戈斯基向四周望了望说："不知道我也是刚到这儿的。"

190.成语迷宫

天	经	天	冲	飞	一	鸣	惊
人	地	义	走	沙	鬼	神	人
不	义	达	石	破	天	共	灾
容	辞	不	道	乐	惊	怒	苦
久	治	长	安	贫	天	心	良
安	国	天	久	地	动	用	天
居	乐	手	勤	工	以	致	涯
事	业	精	于	俭	学	海	无

191.为画题诗

食尽皇家千钟禄，凤凰何少尔何多？

192.猜谜

汗水。

193.摸金子的手

摸孩子、摸食物……统统变成硬邦邦的金子，甚至还不敢摸自己，岂不是很可怕吗？

第五部分　科学常识谜题

194. 一枚纪念币

张三和李四同行，一路上，李四的手里一直都捏着一枚宝贵的纪念币。突然，李四不小心摔了一跤，手里的纪念币飞了出去，不知道掉到了哪里去。恰好王五捡到了这枚纪念币，但他刚才只顾埋头走路，并没有看见李四摔倒，也不知道是谁丢的纪念币。于是，他问张三和李四，李四赶紧说：“这是我刚才摔倒的时候从手里丢掉的。”张三却说：“你说谎。这是一枚价值不菲的纪念币，怎么可能随便拿在手上呢？这明明就是我昨天晚上掏钱包的时候从钱包里掉出来的。”王五听完两人的回答后，直接就将纪念币交给了李四。那么，你知道王五是怎么认定纪念币是李四的吗？

195. 井底之蛙

有一天，一只小青蛙突然想离开井底，到外面去闯荡一番，井的深度是3.5米。青蛙每次能跳1.8米高，请问，你知道它要跳几次才可以跳出这口井吗？

196. 消失的弹头

探长刚接到一起枪杀案，便连忙赶到现场。探长仔细检查了被害人的身体，他发现，虽然子弹穿过心脏，但是体内并没有留下弹头，后背也没有被子弹穿过的痕迹。探长百思不得其解，弹头究竟去哪里了呢？后来，探长终于找到了问题的答案。小朋友，你知道弹头在哪里吗？

197. 射鱼

一个神枪手去钓鱼，钓了很长时间也没钓上来一条鱼。他看见鱼在清澈的湖水中游来游去，于是干脆拔出枪向鱼射击。然而，一连射了好几枪都没有射中。你知道到底是什么原因导致神枪手射不中鱼吗？

198.最好的溶剂

有一个人天生爱吹牛，而且人们往往没机会反驳他。一天，他又开始吹牛：“我近发明了一种溶剂，它是世界上最好的溶，无论什么东西，它都能溶解。”吹牛大说完，就摆出了一副得意的样子，人们都知道该如何反驳。这时，一个小孩子向他了一个问题，他立即哑口无言，再也不敢嘘自己的这个发明了。

199.空中解绳

如图所示，在高高的天花板挂钩上挂了条长长的绳子，现在需要把两条绳子全都下来。请你攀绳上去，解开绳子，再安全落到地面上。在攀登时，因只有一只手能由活动，仅能解开绳，不能结绳，也不能缘屋顶和墙壁，假设也不能使用梯子、棍和其他工具，你该如何做到呢？

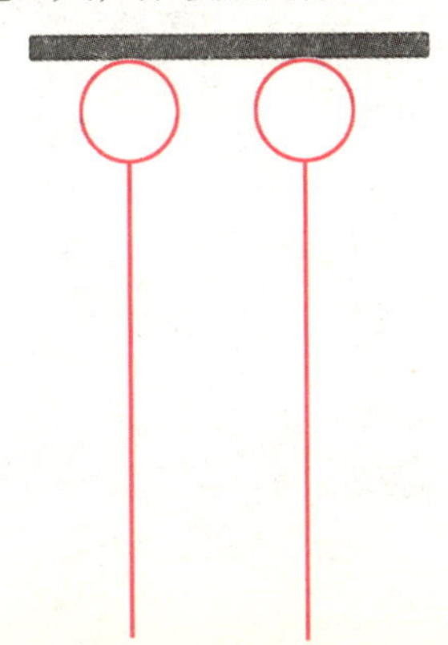

200.藏邮票的地方

一个小偷将偷来的一枚珍贵的邮票藏在了旅店的房间里。警察闻到风声后立刻赶到旅店。店主说，他不知道那个人是小偷，于是就允许他开了单间，平时，除了他自己外，谁也没有进入过那个房间。警察开始对房间进行搜查。发现小偷的那间单间里除了一架正在工作的电扇外，只有一张床、一个圆桌、一个小柜子，并没有见到邮票。

据店主说，自从小偷进来后，就没有任何人进入过这个房间，也没有见到小偷踏出房间半步，这显然排除了转移赃物的可能。那么，邮票究竟藏在哪里了呢？后来，警察再次进行搜查，终于找出了邮票。

你知道小偷将邮票藏在什么地方了吗？

201.半篮子鸡蛋

往一只篮子里放鸡蛋，假设篮子里的鸡蛋数目每分钟增加1倍，按照这个规律，12分钟后，篮子就装满了。那么，在什么时候，篮子里的鸡蛋是半篮子呢？

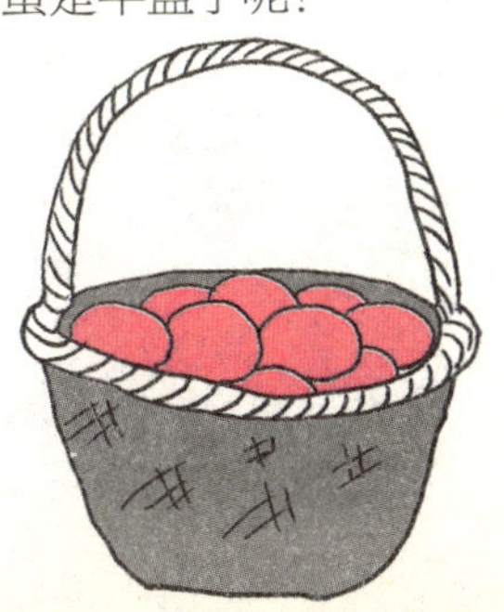

202.水杯和水壶

夏天，露西家来了客人。妈妈吩咐露西的姐姐去超市买些酸梅汤，姐姐买了一大水杯的酸梅汤回来。但是，天气太热，客人们很快就将酸梅汤喝完了。于是，妈妈又叫露西去买。露西拿起一个空的热水壶，就去超市买酸梅汤了。

客人们喝着露西买回来的酸梅汤，都连连说解渴。但是，客人走后，妈妈却批评了露西，并告诉露西以后不准用热水壶盛酸梅汤。请问，你知道妈妈为什么要批评露西吗？

203.让杯底不湿

有一只杯子，杯子底部的里面是干的。现在，要将杯子放在一个装满水的盆里，盆的高度比杯子略高一些。请问，如果要使杯子的底部仍然是干的，你应该怎样去做呢？

204.盲人买伞

一个夏天的午后，阳光照射在街道上一个商贩正在那里卖伞，他的摊上摆着3白色的伞和一把黑色的伞。一个盲人走到前，用手摸了摸伞，对商贩说："老板，要买这把黑伞。"商贩一看，盲人手里拿正是黑伞，他大吃一惊：盲人怎么会分辨黑色与白色呢？

小朋友，你知道盲人是如何区分出黑与白色的吗？

205.巧过桥洞

有一辆满载货物的大货车，想要过一立交桥的桥洞，但是，货车的顶部要比桥的最高处高出1厘米，货车现在无法通过。且，货车上的货物非常多，根本不可能卸来，更不要说卸下来再装上了。但是，这个题没有难倒聪明的司机，他很快就想出来了个办法，让这辆大货车安全地通过了桥洞小朋友，你知道司机想出的是什么办法吗

06. 照片之谜

秋分之后的午后15：00左右，某市发生一起杀人案。几天后，警察就找到了犯罪疑人甲，在问及不在作案现场的证明时，拿出了一张照片说：“那天的天气不错，以我去森林公园郊游了。这就是在那天的照片。是自拍的，正好是下午15：00左。”

刑警接过照片，只见照片上的甲站在一长满绿草的地方，身后有一个树桩，照片印有当天的日期。照片很清晰，连人影都看见。

“是的，照片上的确是森林公园。我去这里，这里的确有一个树桩。”一个警察道。

“等等，树桩？”说着，这名警察拿出放大镜，仔细查看着照片上的树桩。查看后，便问道：“这棵树根周围没有其他大吗？”

“是的，没有。”甲回答得很干脆。

“要是这样的话，即使是当日的照片也是下午拍的。从影子的长度看，大概是上9：00或10：00左右拍的。从森林公园到作现场，开车仅需要3个小时就能到达，所以张照片无法证明你不在作案现场。”

小朋友，你知道刑警为什么马上就对甲供的不在现场证明产生怀疑吗？理由是什呢？

207. 迷路

一天晚上，3个探险家为了走近路，决定从宽4000千米的山谷中穿过。他们走了很久，但每次都莫明其妙地回到出发点的附近，你知道这是怎么回事吗？

208. 紧挨着的球

老师在一个长方形的箱子里塞满了20个木球，每个球都被其他球卡住了，所以，无论箱子如何动，这些球都不会在箱子里滚动。老师问他的学生们：“谁能从箱子里拿出几个球来，同时确保剩下的球不在箱子里滚动呢？”许多学生都摇了摇头。这时，一个学生大胆地举起了手，他不慌不忙地从箱子中取走了几个球，果然，箱子里剩下的球都没有滚动。请问，你知道这个学生是怎样做到的吗？

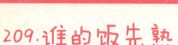

209.谁的饭先熟

3个好兄弟买了3只同样的锅，准备用它来做饭。不同的是，老大选用了铝锅盖，老二选用了木锅盖，老三选用了秫秸锅盖。请问，3个兄弟在同样的条件下做饭，只是选用的锅盖不一样，那么，谁的饭会先熟呢？

210.果真如此吗

某企业安排工人清扫办公楼周围的深沟，按图示安排了1~4号4个人，首先由1号边清扫边向前行走，到达下个拐角处时将工具交给2号，然后自己停下来。2号清扫另一边，然后将工具交给3号，依此类推。企业负责人相信，这样做的话，周围的深沟就会在任何时候都有人在清扫了，不会留下落叶和垃圾。请问，你认为真的是这样吗？

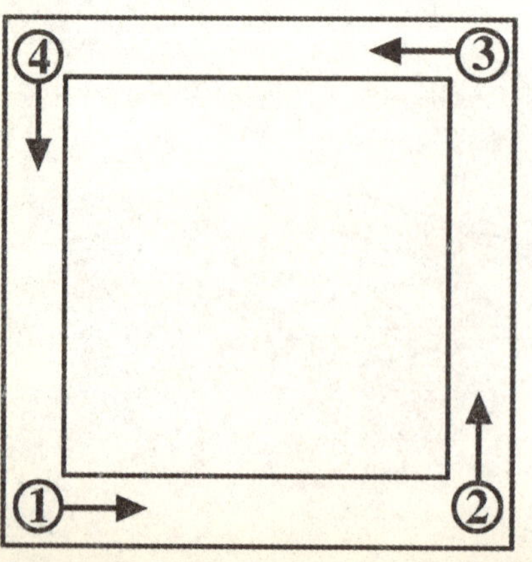

211.先做什么

勤勤平时很热爱劳动，也是个聪明的子。一天，爸爸问他："假如有一天你去校，发现有人忘记关水龙头，以致水房中了很多水。这时，在你面前有一个拖把、块毛巾、一只水桶、一把扫帚，一根引水的水管。见到这种情况，你认为应该先做么呢？"

勤勤一听，很快说出了令爸爸满意的案。你认为勤勤的答案是什么呢？

212.消失的手指

有一个有趣的实验：用右手捂住左眼然后用右眼向前看。举起左手食指从左边颊经过向前伸去，直到能够刚刚看到鼻梁的手指尖为止。此刻把目光对准手指，会一个奇怪的发现，手指突然消失了。请问你知道这是什么原因吗？

13.越晒越凉的水

烈日炎炎的夏天，丁丁在农村遇见了一正在晒水的妇女。这位妇女用一个泥罐装水，然后又用湿毛巾把泥罐包起来，放到光下晒。丁丁觉得很奇怪，就问：“阿，您这样晒水，水会越晒越热的，到时怎么喝啊？”这位妇女笑眯眯地对他说：这水只会越晒越凉，喝起来更舒服。”丁将信将疑。过了一会儿，泥罐里的水竟然的是凉凉的。

请问，你知道泥罐里的水为什么会越晒凉吗？

14.雨燕

小春和小露走在一起时，突然发现了一雨燕，小春急忙上前轻轻地将它捧起，正抛到空中，却被小露阻止了。小露说：我们应该先检查一下它有没有受伤，如果了伤，它就不能再飞起来了。”小春也同她的观点。请问，你知道这是为什么吗？

215.总页码

有人发现了一个印刷厂旧址，并发现里面留下了排印书上页码用的全部铅字，共计2775个。只根据这些铅字数码，这个人马上就算出了这本印制书的总页码。

请问，你知道他是怎样算出来的吗？

216.妙计

五代时，后晋常被契丹军骚扰掠夺，大将李存审奉命率军讨伐契丹军队。为了攻其不备，李存审决定以智取胜，让敌人摸不清后晋军的实力，并让后晋军能有机会突然发动进攻，一举打败契丹军。但是，要想出这样一个好办法，是多么困难啊。这时候，李存审突然发现自己的军队中有很多老弱残兵，于是他想出了一个计策，成功地实现了以智取胜的构想。聪明的你，知道他想出的计策是什么吗？

217. 页码之和

小明和小强一起看同一本书，小明指着书的页码说：“我们现在看的这页，左右两页的页码之和是132。”而小强说：“你错了，左右两页的页码之和是133。”请你仔细想一想，他们俩谁说的对呢？

218. 巧取宝石

有一次，国王在15米见方的豪华地毯正中央放了一块金光闪闪的宝石，然后对孩子们说：“谁能不走上地毯就拿到这块宝石？但只能用手，不能用其他任何工具。谁能拿到它，我就把它作为礼物送给谁。”话音刚落，孩子们立即围在地毯周围，争先恐后地伸出了手，但谁也够不到那块宝石。这时，有一个小公主笑着说：“我可以拿到它！”说完，她就真的拿到了那宝石。那么，你知道她是用什么办法拿到宝石的吗？

219. 淹死的鸭子

一个小商贩准备将几只稀有品种的鸭卖出去，于是他把鸭子关了起来。一天，发现这几只鸭子的羽毛变得黑乎乎的，并有的已经粘在了一起，也不知道是什么因。为了让鸭子更有卖相，他决定给鸭子一个澡。他用一个很深的桶盛满水，把鸭放在水里，然后就离开了。他想，过一会回来，鸭子们肯定就会把自己洗干净了。是，等到小商贩回来的时候，鸭子们都沉了木桶底部，全部淹死了。他想了很久都明白，鸭子会游泳，木桶又够大，水也没毒，鸭子究竟是怎么死的呢？小朋友，你帮助这个人解开这个谜吗？

220. 胖子过桥

从前，有一个胖子，他足有250斤重。一天，他挑着一担重200斤的货物，想要走一条木桥。这条木桥的年代比较久了，最承重量为400斤。而且，货物不能拆包，过却不怕水，只是胖子不能落水里，因为深难测。看来胖子是不能过桥了，聪明的们，能否想到办法帮助下胖子呢？

21. 林中藏有劫匪

清朝时期，年羹尧大将军率5000士兵西藏换防。一天傍晚，他们来到三巴桥。将军见大家路途劳顿、满脸倦意，便命士就地安营扎寨。半夜，年将军担心发生意，便带几个随从走出军帐查看。他们走到边，只觉一股疾风从西边的密林中生起，眼间又消失了。年将军顿生疑惑，深更半，怎么会有疾风从树林中生起呢？于是，命中将带500兵士前往探查。

原来，树林中藏有200多名劫匪，他们正商议如何乘机偷官兵的财物，却被众将士举擒获。请问，年羹尧是怎样判断出树林有异常的呢？

222. 飞机安全着陆

某民航班机刚起飞不到20分钟，就接到了一个匿名电话，电话里的人声称：“飞机上有炸弹，飞机起飞10分钟后，炸弹匣内的定时装置就会开始工作，当飞机将要着陆降到海拔2000米以下时，由于受到气压变化的影响，炸弹就会爆炸……”这个电话对机组人员来说，无疑是一个晴空霹雳。因为现在飞机是在离地一万米的上空飞行，假如降落到海拔2000米的低空时，很有可能机毁人亡。那么，飞机飞行的高度绝对不能低于2000米。可是，燃料用尽后，炸弹怎么也找不到，又该如何逃生呢？经验丰富的机长突然想到了一个妙法：“大家放心，我有办法！”最后，飞机终于安全地着陆了。

事后，专家在设有气密装置的尾翼上找到了炸弹，彻底消除了隐患。

请问：飞机是怎样安全降落的呢？

23. 装水游戏

如图，有2个容积都是10升的桶，里面各装了9升的水。现在，给你1个盛满了水的水瓢，瓢里的水是1升。在不移动水桶的情况下，你能使两桶水都上升到桶口处吗？

224. 生鸡蛋和熟鸡蛋

妈妈每天早上都会给小明煮鸡蛋吃。最近，妈妈要出远门，就事先给小明煮了好几个鸡蛋，让小明在她出门的这几天吃。但是，妈妈在将熟鸡蛋捞出来后，一时大意，将熟鸡蛋和生鸡蛋混在了一起。

妈妈走后，小明在吃第一个鸡蛋的时候，发现鸡蛋是生的，于是就打电话告诉妈妈，妈妈很快就想到了办法，她让小明将那些鸡蛋一个一个地转起来。小明按照妈妈的话做，一会儿就将生鸡蛋和熟鸡蛋分开了。

小朋友，你知道为什么转鸡蛋就能把生鸡蛋和熟鸡蛋分开吗？

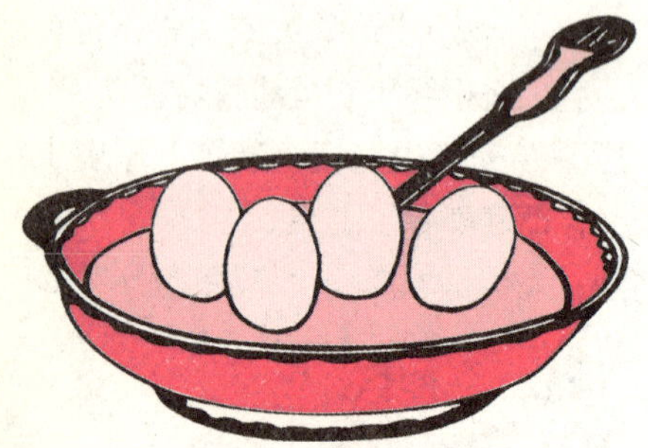

225. 有趣的摆钟

有一个摆钟，在夏天时走得很准。那么，你来猜一猜它到了冬天是会变快还是会变慢呢？应该如何调整呢？假设这个摆钟在南京时走得很准，那么当这个摆钟被运到厦门时，将会变快还是变慢呢？应该怎样调整呢？

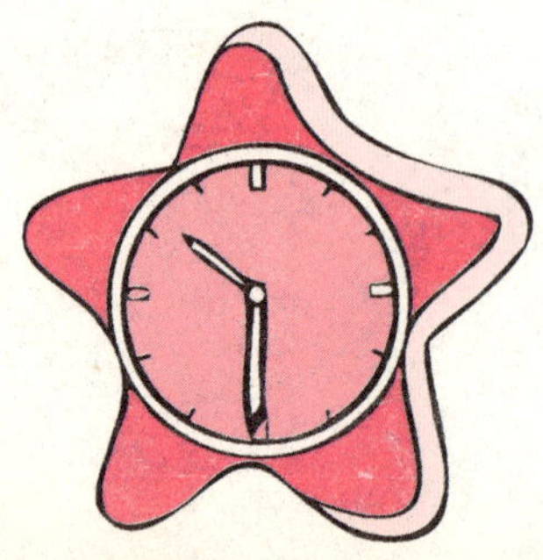

226. 擦铝锅

小雨家有一口铝锅，因为有一段时间有用了，所以铝锅的表面上灰蒙蒙的。小看见后，就拿出钢丝圈将铝锅擦得干干净的。本来小雨是一番好心，不料妈妈却告小雨，以后再也不能这样擦铝锅了。那么，你知道为什么妈妈不让小雨擦铝锅吗？

227. 寻找问题的根源

每天，小明只要透过窗户向外看，就看到休闲广场上的大钟。每天，他都会按大钟显示的时间来核对一下他的手表，两的时间基本吻合。但是有一天早晨，发生一件奇怪的事：小明的手表显示的时间8：55，1分钟后显示的时间是8：56，又了2分钟，显示的时间依旧是8：56；又了1分钟，显示的时间是8：55。当到了9钟时，小明突然意识到问题出在了哪里。问，你知道问题出在哪里了吗？

228.让自来水变弯

甲和乙一起做让自来水变弯的实验。众所周知，从水龙头里流出来的水流都是直的，但是在某些情况下，也会变弯。甲和乙便分别做类似的能让自来水变弯的实验，下面是甲和乙的做法，请你判断一下，他们俩的实验中，谁会失败呢，并说出理由。

甲：在冬天的晴朗天气里，用毛料布摩擦一块塑料板，让塑料板带上电，然后打开水龙头，让塑料板靠近水流，最后等待水流变弯。

乙：在冬天的晴朗天气里，用毛料布摩擦一块塑料板，让塑料板带上电，然后打开水龙头，让塑料板稍微碰上水流，然后等待水流变弯。

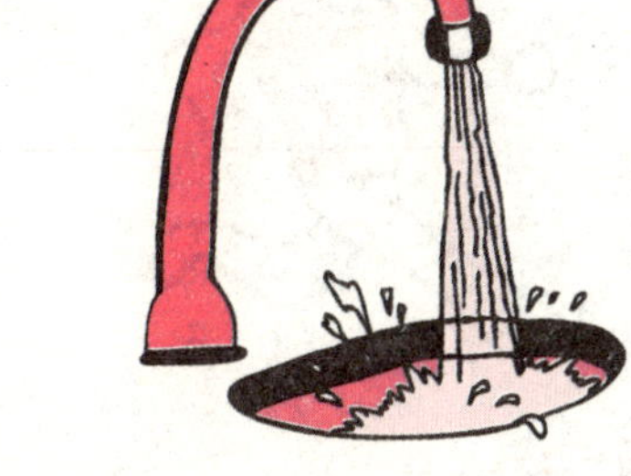

229.路面裂了

严寒的冬季过后，路面上会出现被冻裂的现象，即柏油路面破碎后出现的鼓包。那么，你知道这种路面冻裂的现象在什么时候最严重吗？是长期的严寒，还是严寒和开化期的反复？

230.取球

一段透明的两端开口的软塑料管内有11只大小相同的圆球，其中6只是白色的，5只是黑色的（如下图所示），整段塑料管的内径是均匀的，只能让一个球勉强通过。现在，如果让你不先取出白球，又不切断塑料管，你会采用什么办法把黑球取出来呢？

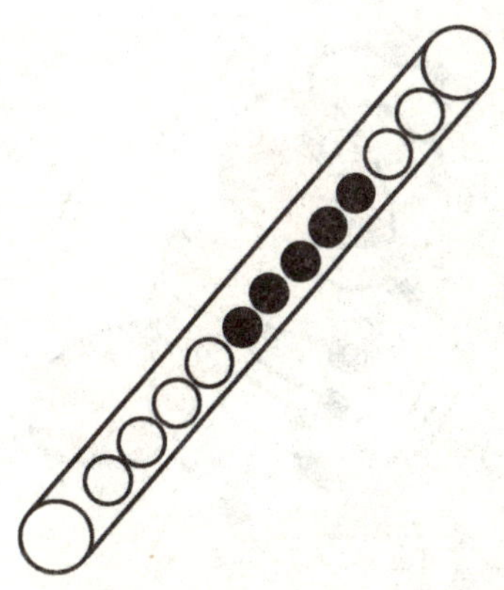

231.盐和胡椒粉

小红不小心将粗盐和胡椒粉混在了一起，正在她不知道该如何将它们分开时，妈妈走了过来。妈妈让小红先不要着急，然后轻松地将胡椒粉和粗盐分开了。那么，你知道妈妈是怎样将它们分开的吗？

232.蚂蚁识途

我们都知道，蚂蚁是群居生物，在晴朗的天气里，它们有时会外出，去很远的地方寻找食物。但是，不管走多远，用不了多久，小小的蚂蚁就会回到自己的家里，从来不会迷路。小朋友，你知道蚂蚁是如何找到回家的路的吗？

233.耗油量不同

一个英国人有了一个奇怪的发现，他发现同一辆车在美国每加仑汽油跑的千米数比在英国跑的千米数要少。而且这辆车用的是相同的汽油，并且来自同一家石油公司。请问，你知道是什么原因吗？提示：本题与长途、短途、坡度、空气湿度都没有关系。

234.无法收到的钥匙

老刘出差的第一天，就发现家里的信箱钥匙居然在自己的衣兜里，想起妻子每隔两天都要开一次信箱，要是没有找到钥匙，一定会又着急又失望。于是，老刘赶紧把钥匙放在信封里寄回家了。妻子知道这件事后，哈哈大笑起来，打电话对老刘说：“你真是糊涂啊。”

小朋友，你知道妻子为什么这么说吗？

235.运动轨迹

一辆火车正在作匀速直线运动，这时从车厢顶上掉下了一枚螺丝，那么车厢里的乘客看到的螺丝在做什么运动呢？如果车厢外站在地面的人也能看见这枚螺丝，那么他看到的螺丝的运动轨迹是怎样的呢？

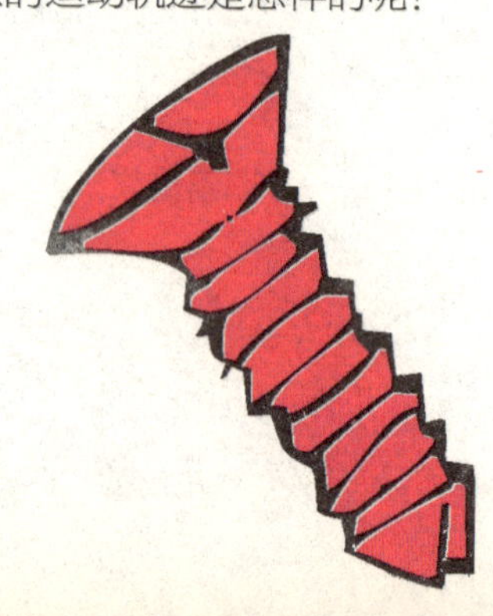

236. 会看到什么

如果我们现在身处一个暗室中，桌子上燃着1支蜡烛，然后我们站在离蜡烛1米远的地方，用1支大鸟的羽毛紧贴着眼睛去看那支点燃的蜡烛，想象一下，我们会看见什么样的现象呢?

237. 一半画报

小乔问莎莎："你那些画报还在吗?"

莎莎说："没有了。我已经把一半画报和1张画报的一半还给了菲菲。然后我又把剩下的一半画报和1张画报的一半送给了阿伦。我现在只剩下1张画报了。假如你能说出我原来有几张画报，那么，这1张就送给你。"

小乔怎么也弄不明白半张画报还能有什么用处。突然，他想明白了，其实一张画报也没有被撕开过。

请问，你知道这其中的奥秘吗?

238. 地毯长度

王经理家最近购买了一套别墅，正在考虑屋内的楼梯需要多长的地毯。因为现在楼梯尚未安装，所以他现在还不知道阶梯的数量、高度和宽度。请问，在这样的情况下，怎样才能把所需地毯的长度计算出来呢?

239. 谁先着地

假设一个高个子和一个矮个子站在同一条直线上，然后同时倒下，你认为这两个人谁的身体会先着地呢?

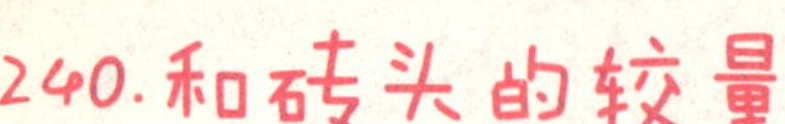

240.和砖头的较量

这是一个和砖头比力气的游戏。一个人用短绳子把一块砖头系好，然后和另外一个人，一人拉住绳子的一头，开始使劲地拉。如果他们能把吊着砖头的这根绳子拉直扯平就算获胜；如果绳子没有被拉直，获胜者当然就是砖头。

请问，你认为是砖头会获胜还是人会获胜呢？

241.灯和开关

假设有两个空房间，一间房间内有3盏灯，另一个房间内有3个开关，每一个开关只能打开一盏灯，如果你只可以进每个房间一次，那么你该如何判断哪个开关控制哪盏灯呢？

242.海里逃生

一艘船触礁后，船身被撞了个窟窿，海水灌了进来，眼看着船就要沉没了，船上的人立即找来大袋子，拼命地往袋子里装东西。这些东西不是钱财，也不是宝物，那么为什么这些人在生死关头会全然不顾下沉的船，而一味地往袋子里装这些东西呢？

243.抽纸游戏

甲和乙在做一个实验，甲取来一个水杯，在里面加满了水，然后把一张16开的白纸放在桌子上，用装满水的杯子把白纸压住。甲问乙：“你能在不移动杯子的情况下，取出杯子下面的白纸吗？”乙想了想，随后很快就把白纸取了出来。小朋友，你知道他是怎么做到的吗？

244. 成倍增长

如果你明天早上一觉醒来，发现自己的身体在每个方向上都大了1倍，高了1倍、胖了1倍、厚了1倍，那么假设你的骨骼和肌肉的密度保持不变的话，这时，你的体重将会是多重呢？

245. 馋嘴的麻雀

从前，有一位国王非常喜欢吃杨梅。一天，他发现杨梅园里的杨梅有一半被麻雀吃掉了，盛怒之下，便下令将飞来的麻雀全部消灭或者赶跑。后来，杨梅园里再也见不到麻雀了。但奇怪的是，国王并没有吃到杨梅，因为所有的杨梅树不但不结果了，而且连叶子也看不见了。

小朋友，你知道这是什么原因吗？

246. 隔着玻璃晒太阳

我们都知道，在炎热的夏天，如果在户外时间太长，炽热的太阳就会把我们的皮肤晒黑。

那么，如果隔着玻璃晒太阳，结果会如何呢？透过玻璃的阳光，能把皮肤晒黑吗？

247. 无法确定方向

山姆是一个方向感很强的人，最近他在一个地方盖了一间房子，盖好后，他围着房子走了一圈，却发现自己已经分不清东、南、西、北了。请问，山姆的这所房子盖在了哪里呢？

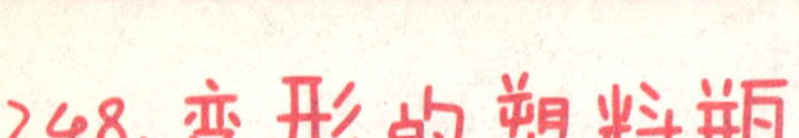

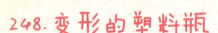

248. 变形的塑料瓶

兰兰在清洗塑料瓶的时候发现，将用热水洗过的塑料瓶立即密封起来，放入冰箱后，塑料瓶竟然马上变瘪了。请问，你知道其中的原理吗？

249. 不会沉入水底

当滑水运动员在水面上乘风破浪快速滑行时，为什么他们站在滑板上不会沉下去呢？

250. 走私

李某是个猖狂的走私犯，每年都从加勒比海沿岸偷运大量钻石，由于他从来没有被抓到过，所以人们都叫他“老狐狸”。根据海关的侦查，6个月前，他曾在海关露面，开了一辆新出厂的黑色高级蓝鸟敞篷车，海关人员彻底搜查了汽车，发现他的3只行李箱都有伪装的夹层，3个夹层都分别藏有一只瓶子：一只装着砾岩层标本，另一只装着少量牡蛎壳，第三只装的则是玻璃碎屑。

大家都不明白他为什么挖空心思藏这些东西。

李某每月2次定期开着高级轿车大摇大摆地经过海关，海关人员都因找不到证据而放他过去。海关总长只好找名侦探洛西帮忙分析，洛西看着砾岩层、牡蛎壳、玻璃碎屑这3种东西，忽然笑道：“这只老狐狸，终于让我找到证据了。”

那么，你知道洛西发现了什么证据吗？老狐狸走私的东西究竟是什么呢？

251.买票的人

一辆公交车进站了，但上车后，买票的乘客只占乘车总人数的三分之一，乘客中也没有小孩和可以按有关规定享受免票的人，而司机和售票员却无动于衷。请问，你知道这是怎么回事吗？

252.海上孤烟直

大兵是一名船员，经年在海上漂泊。有一次，他上岸了，在小饭馆和朋友吃饭，大家都在讲各种奇遇，大兵也讲了自己的。他说："有一次，我看到一艘时速10公里前进的轮船，竟然冒着直直的烟，就像'大漠孤烟直'一样的！"朋友们一听，哈哈大笑，都说大兵在吹牛。

你觉得是真的吗？请解释。

参考答案

194.一枚纪念币

因为王五捡到的时候，纪念币还有体温，所以能判断是刚从手里掉出来的。

195.井底之蛙

小青蛙每跳1.8米就又掉下去了，所以它永远无法跳出那个3.5米深的井。

196.消失的弹头

子弹可能是由冰或盐制成，在人体内融化后，根本不会留下任何痕迹，所以探长找不到弹头。

197.射鱼

因为光线通过空气进入水中时，在水面会发生折射，使物体偏离实际所在的方向，所以射不中。

198.最好的溶剂

小孩子问：“那你是用什么东西来盛这些溶剂呢？”

199.空中解绳

攀登前，首先把两条绳子的下端连起来。解开绳结一端的绳子，不是取下来，而是拉长挂在吊钩上，你可以转移到不打结的两股挂在吊钩的绳子上，解开另一个绳结，然后再下到地面。

200.藏邮票的地方

小偷把邮票沾水后，贴在电风扇的叶片上，然后打开电风扇，因为电风扇在转动，所以不可能发现扇页上的邮票。警察关掉电风扇，邮票自然也就找到了。

201.半篮子鸡蛋

第11分钟。这道题和许多题类似，用倒推法比较合适。

202.水杯和水壶

热水壶长期装热水，里面一般都会有一层水垢，水垢是氢氧化镁、碳酸钙等碱性物质，而酸梅汤是酸性的，能使水垢溶解，这些有害的离子进入人体后会对人体产生不利的影响。

203.让杯底不湿

把杯子倒着放进水里，由于空气压力的关系，水不会流进去。

204.盲人买伞

用手摸出来的。在阳光的照射下，黑色比白色更易吸收热量，因此黑伞会比白伞热。

205.巧过桥洞

只要把货车的轮胎的气稍微放出一点，使轮胎的高度降低1厘米，货车就可以轻松地通过桥洞了。

206.照片之谜

照片上有一棵树桩，所以刑警用放大镜查看了树根的年轮。一般来说，树的年轮是这样的，间隔密的为北，即照片上的右方，间隔疏的为南，即照片上的左方。根据树周围的环境，多少有些例外。以此为基准，照片上的影子是在西，也就是照片的上方。那

么，太阳就在东，也就是在照片的下方，也就是说，这张照片是上午拍的。

207.迷路

实际上，这些人走了一个圈。人走路时两脚之间有一定的距离，大约为0.1米，每一步步长约0.7米，由于每个人双脚的力量不可能完全一致，迈出的步长也就不一样。若在白天要沿着直线走，我们就会下意识地调整步长，保证两脚所走的路程一样长。但是，当在夜间行走辨不清方向时，就没有意识来调整步长，走出若干步后，两脚所走路程就会产生一定的差距，自然就不是沿直线走，而是在转圈了。

208.紧挨着的球

总共可以取走6个球。如图：

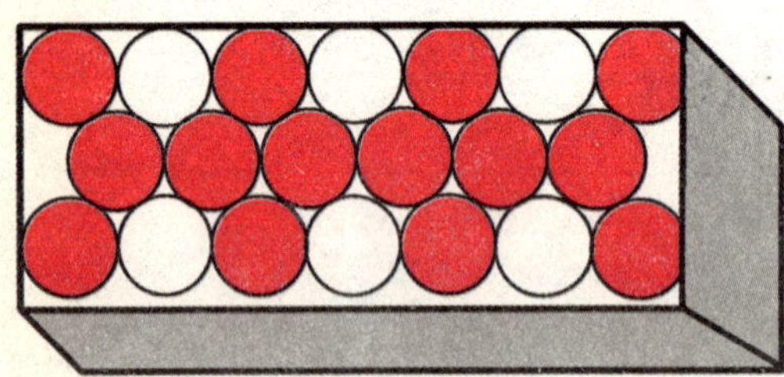

209.谁的饭先熟

老二的饭先熟。因为铝盖能散热，秫秸盖密封不严，只有木盖的保温性能最好。

210.果真如此吗

当然不会如此。因为当4号工人到达下一个拐角处时，1号工人并不在那里。

211.先做什么

首先要关上水龙头。

212.消失的手指

直着往前看的时候，可以看到手指尖，因为右眼的视野能够越过鼻子达到那里。但是，如果瞳孔在视角里向左转，那么视野就会发生变化，射向手指的目光被鼻子挡住了。

213.越晒越凉的水

因为湿毛巾的水分在阳光下会蒸发，在蒸发的过程中需要吸收周围的热量，这样就把泥罐中的水的温度降低了。

214.雨燕

因为雨燕的翅膀是镰刀形的，如果不小心落到了地上，它就无法再飞起来。所以要先检查雨燕有没有受伤。

215.总页码

算法是：前9页每页用1个铅字，计9个；此后的90页每页用2个铅字，共计180个；再往后的900页，百位数字的页码每页用3个铅字，共2700个。

因此推断出：这本书若是999面，就要用铅字：9＋180＋2700＝2889（个）。

但它只用了2775个字，因此，书的页数在100~999之间。从第100页算起，共需铅字2775－189＝2586（个）；因每页用3个字，所以，2586÷3＝862（页），再加上前边的99页，这本书共有961页。

216.妙计

当后晋军快接近契丹军时，李存审命老弱残兵在地上拖动柴捆，手持燃草前进，使后晋军阵中烟尘滚滚。因而，契丹军远远望见只见烟雾不见人，不知虚实，最后被后晋军一举击溃。

217.页码之和

小强说得对。书的右边都是单数页码，左边都是双数页码，右边页码都比左边页码多1。根据单数+双数=单数的规律，可以判断左右两页页码的和一定是单数。

218.巧取宝石

小公主把地毯的一端卷起来，逐渐接近宝石，最后，她一伸手就拿到了宝石。

219.淹死的鸭子

鸭子能游泳，是因为羽毛不怕水。鸭子的尾部有一个尾脂腺，能不断地分泌脂肪。鸭子有经常回头并把头贴在羽毛上摩擦的习惯，这样做是为了用头把脂肪涂在羽毛上，脂肪把水和羽毛隔开后，羽毛就不会被水浸湿，鸭子也就淹不死了。但是，这几只鸭子的羽毛很脏，有的还粘在了一起，因此，脂肪无法起到作用。由于没有脂肪的作用，鸭子的羽毛也就被水浸湿了，过一会儿就被淹死了。

220.胖子过桥

看题目，强调了货物不怕水。显然，胖子可以将货物绑在扁担上，再放入水中，胖子拉着扁担就可以安全通过木桥了。

因为水的浮力作用，不会增加木桥的承重量。

221.林中藏有劫匪

那阵疾风不是自然风，而是劫匪惊动了藏在林中的群鸟后，鸟飞翔时带来的“风”。

222.飞机安全着陆

降落到海拔2000米以上的地方。

223.装水游戏

把瓢里的水全倒进其中一个桶里，这样，这个桶的水就正好是10升了，即刚好到达桶口处。然后，让瓢的口向上，底向下，垂直地把瓢慢慢插进另一桶水里，直到桶里的水升到桶口处。这样，两桶水就都上升到桶口处了。

224.生鸡蛋和熟鸡蛋

鸡蛋煮熟了以后，蛋白和蛋清就形成了一个整体，旋转的时候就会很容易转起来。而生鸡蛋的蛋黄和蛋清都是液体状态，旋转的时候不容易转起来，并且转动的速度比较慢。

225.有趣的摆钟

摆钟到了冬天就会变快，应该把下端的螺丝下调，使等效摆长变长些；运到厦门后的摆钟会变慢，应该把下端的螺丝上调，使等效摆长变短些。

226.擦铝锅

因为铝制品长期在空气中会被氧化，表面会生成一层致密的氧化层，它的作用是可以防止铝进一步被氧化，起到保护的作用，所以不用擦。

227.寻找问题的根源

小明忘记指出他的手表是数字手表，组成数字的线段中有一段不起作用了。

228.让自来水变弯

乙会失败。因为水是导体，碰到带电的塑料板后，就会把电子从塑料板上导走，从而实验不能成功。而甲在实验中只让塑料板靠近水流，并没有碰到水流。带电的塑料板靠近水流后，对不带电的水流产生了吸引力，水流就会弯向带电的塑料板。因此会成功。

229.路面裂了

水通过柏油路面上的细微的裂纹，渗透到路面之下，在那里形成了空隙，寒冷结冰时，水的体积膨胀1/11，结成的冰把柏油路面推向上方。开化的天气，在已经膨胀的地方，多出了1/11的空间会容纳新的水分，在反复结冰的时候，再次膨胀1/11。所以，在冬天气温反复变化的情况下，路面最容易出现这样的冻裂凸起现象。

230.取球

如下图所示，把塑料管弯过来，使两端的管口互相对接起来，让4个白球滚过对接处，滚进另一端的管口，然后使塑料管两头分离，恢复原形，就可以把黑球取出来了。

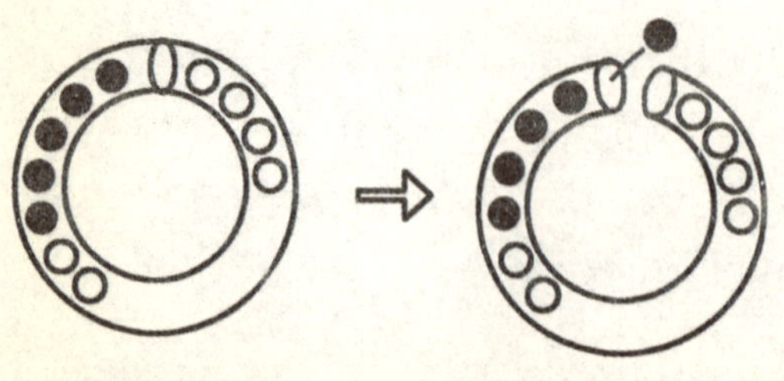

231.盐和胡椒粉

妈妈用毛料抹布摩擦一把小塑料勺，然后用勺接近粗盐和胡椒粉的混合物。这时，胡椒粉会立即跳起来粘在小勺上。因为摩擦后，塑料勺子带了电，对不带电的颗粒具有吸引力。再加上胡椒粉比盐轻很多，因此会先被吸起来。当然，如果想把盐吸起来，只要将塑料勺放低一些就可以了。

232.蚂蚁识途

蚂蚁的视觉非常敏锐，它们会用陆地上的景物来认路，而且还会根据太阳的位置和蓝天上照射下来的日光辨认回巢的方向。此外，除了依靠眼睛，蚂蚁还能根据气味认路。有些蚂蚁在它们爬过的地上留下一种气味，在返回时只要追寻着这种气味，就不会迷路。有些蚂蚁还能熟记往返道路上的天然气味，所以也不会迷路。

233.耗油量不同

美国的1加仑大约等于英国的0.833加仑。

234.无法收到的钥匙

因为老李寄回家的是信箱钥匙，钥匙寄回去又投到信箱里，他妻子还是打不开信箱。

235.运动轨迹

从车厢里看，螺丝做自由落体运动，轨迹是直线的；从地面上看的话，螺丝做平抛运动，轨迹是一个抛物线。

236.会看到什么

在眼前出现的是排列成X形状的多个火

苗，而且闪烁着光谱的颜色。这个现象是通过缝隙中的所谓“衍射”而形成的，在均匀排列的羽毛组成的缝隙中，存在着锐利的边缘间隙，光线通过这里时被“折断”，即被引开，并把光谱中的颜色分解了。

237.一半画报

解题的关键在于：数量为奇数的画报，取其一半再加上半张画报，一定是个整数。

因为莎莎在最后一次送礼后只剩下1张画报，所以在她把画报送给阿伦之前，一定有3张画报。3的一半为1又1/2，而1又1/2 + 1/2 = 2，所以莎莎最后一次送礼送了2张画报。自己最后留有1张完整的画报。现在倒过来算，就显得很简单，她原来一定有7张画报，给了菲菲4张。

238.地毯长度

只需要找到与楼梯构成直角等腰三角形的地面上的长度和墙壁上的高度就行了。这两段距离加在一起，就是地毯的长度：因为每一个阶梯的高度和宽度加在一起就等于这个数字。

239.谁先着地

矮个子先着地。这是因为高个子的平衡点比矮个子的平衡点要高，而平衡点离地面越近，物体倒下去的时间就越短。所以矮个子与高个子相比，矮个子倒下后会先着地。

240.和砖头的较量

砖头会获胜。无论是什么人，无论怎样用力，都不能把这根绳子拉直。因为，当绳子垂直吊着砖头的时候，两人所用的阻止砖头下落的力，等于砖头本身的重量。当两人向两边拉绳时，所用的力与水平方向成一定的角度。在这种情况下，施加的力必须大于两人所克服的砖头的重力。所用的力与水平方向形成的角度越小，所需要的力也就越大。这就是为什么越把绳子拉到接近水平的位置越是要花大力气的原因。实际上，即使把绳子拉断了，也无法把绳子拉成直线。

241.灯和开关

进有开关的房间，先打开其中一只开关，过5分钟后关掉。再打开另一个开关后离开房间。然后来到有灯的房间，亮着的灯显然是最后打开的那个开关控制的；那盏开了5分钟的灯一定已经发烫，发烫的灯是由第一次打开的开关控制的，而没有亮的灯就是由没打开的开关控制的。

242.海里逃生

他们装的是空气。将空气装入类似于救生衣之类的袋子里，可以助人逃生。

243.抽纸游戏

捏紧白纸然后敏捷地一抽，杯子只是抖动一下，很快就不动了，而纸已经从杯子底部被抽出来了。这个游戏成功的关键就在于“迅速”，此外，还一定要把杯子外面的水擦干净，杯子外面一点也不能湿，否则也是无法做到的。

244.成倍增长

当一个二维物体线性放大2倍时，它的面积就会以4倍的因子增加。相似的，将三维物

体线性放大2倍时，它的体积就会以8倍的因子增加。假设物体的密度保持不变，其重量也是以8倍的因子在增长。所以，这时的体重会是原有体重的8倍。

245.馋嘴的麻雀

麻雀吃杨梅，但更多的是吃杨梅树上的害虫。麻雀消灭了，害虫把杨梅树上的花和叶子都吃光了，因此，杨梅树也就结不出杨梅了。

246.隔着玻璃晒太阳

晒不黑。因为把人的皮肤晒黑的是阳光中的紫外线，紫外线是无法穿过玻璃的，所以晒不黑我们的皮肤。

247.无法确定方向

北极或是南极。

248.变形的塑料瓶

瓶子加热后，里面的空气大约会膨胀三分之一，所以有一部分空气会外溢出来。冷却以后，空气重新恢复原来的样子。由于瓶子里面出现低压，外面的大气压就会把它压缩到内外气压平衡的状态。地球表面大气的重量是非常巨大的，它以每平方厘米1000克的重量向塑料表面压去。1只容量为1升的瓶子，将承受的重量大约达到600公斤之多。

249.不会沉入水底

滑水运动员在滑水时，身体总是向后倾斜，双脚向前用力蹬滑板，使滑板和水面有一个夹角。当前面的游艇通过牵绳拖着运动员时，运动员就通过滑板对水面施加了一个斜向下的力。而且，游艇对运动员的牵引力越大，运动员对水面施加的这个力也就越大。因为水不易被压缩，根据牛顿第三定律（作用力与反作用力定律），水面就会通过滑板反过来对运动员产生一个斜向上的反作用力。这个反作用力在竖直方向的分力等于运动员的重力时，运动员就不会下沉。因此，滑水运动员只要依靠技巧，控制好脚下滑板的倾斜角度，就能在水面上快速滑行。

250.走私

走私的就是他那辆汽车。

251.买票的人

因为上车的乘客只有1个，车上一共有3个人，司机和售票员占2个。“乘车的人”应该包括车上所有的人，当然，司机和售票员也包括在其中。

252.海上孤烟直

大兵说的这种情况是可能存在的。条件是当时的风向和风速和这艘轮船的方向和速度恰好一致。这种情况下，船处于相对无风的状态，冒的烟自然可以直直的。

第六部分　创新分析谜题

253.巧放月饼

有一张圆桌和若干相同的月饼，两人利用月饼和圆桌做游戏，他们规定：两人轮流将月饼放在圆桌上，当桌子上不能再放下月饼时，将要放月饼的人就输了。

请问，你能不能想一个办法，让其中一个人总是赢呢？前提是无论桌子的面积是多少。

254.停止不动

刘秘书因为有事耽搁，眼看就要迟到了，他怕赶不上公司的会议，就从车站一直跑到了公司。但不知为什么，他突然站住不动了。会议室就快要到了，他的身体也没什么毛病，会议也照常进行，没有中止。这究竟是为什么呢？

255.淘汰赛

学校举行象棋比赛，比赛实行淘汰制，一共有32名学生参赛。比赛规则如下：每场比赛的选手配对由抽签决定，胜者进入下一轮，败者淘汰出局。后来，有人作了统计，得知在整场比赛中，没有任何选手弃权，也没有一场比赛打成平局。那么请问，为了决出冠军，必须进行多少场比赛呢？

256.几个印章

小龙的宿舍有10件外形很相像的衣服，为了使自己和室友容易分辨，小龙提出在每件衣服的里衬做记号，经过商量，他和室友们都决定用印章给衣服的里衬盖章。这里有0至9共10个印章，请问，小龙至少要用到几个印章？

257.报纸有几页

小玲买了一份报纸，刚拿到手上就被一阵狂风给刮散了，只剩下一张。现在，小玲只知道剩下的这一张是第8页和第21页在一起，那么，她要想知道报纸的总页数，该怎么办呢？

258.3个房间

兄弟3人，分别住在3个房间里，每个房间上都有2把钥匙。请问，如何安排这些钥匙，才能确保兄弟3人能随时进入每个房间呢？

259.打猎丧命

几个猎人一起去树林里打猎。他们各自选好位置后，静等猎物出现。为了更加清晰地看到猎物，也为了扩大视野，猎人们都在选位置上花了很多心思。不一会儿，只听到一声枪响，一个猎人就丧了命。周围并没有其他的猎人，他的伙伴既没走火，也没有蓄意向他开枪，他也不想自杀，而且也没有猎物伤害他。请你想一想，他为什么会丧命呢？

260.逃出井底

有一个人被困在了10米深的井底，他每天坚持向上爬5米，但又滑下3米。你认为这个人要几天才能爬出井？

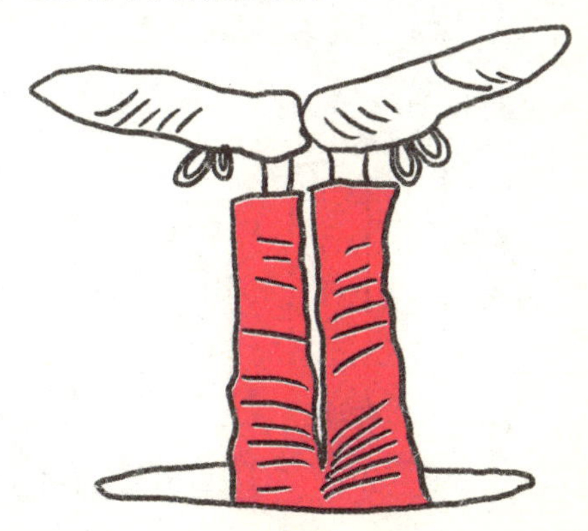

261.神奇的算法

魔术师背朝观众，请观众在纸上随意写2个数字，再把这2个数相加，得到第三个数，把第二、第三个数相加，得到第四个数，把第三、第四个数相加，得到第五个数，依次类推，直到写满10个数为止。例如，观众开始写下的是8和5，就得到这10个数：8、5、13、18、31、49、80、129、209、338。魔术师请观众把这10个数给他看一下，他的目光只在这10个数上一扫，就能立刻报出这10个数相加的总和为880。

请问，他是怎样算得这么快的呢？

262.U型水管

如图，在U型水管中，有两只乒乓球。如果水和乒乓球都不会掉出水管之外，那么，你怎样才能使图1变成图2的形状呢？

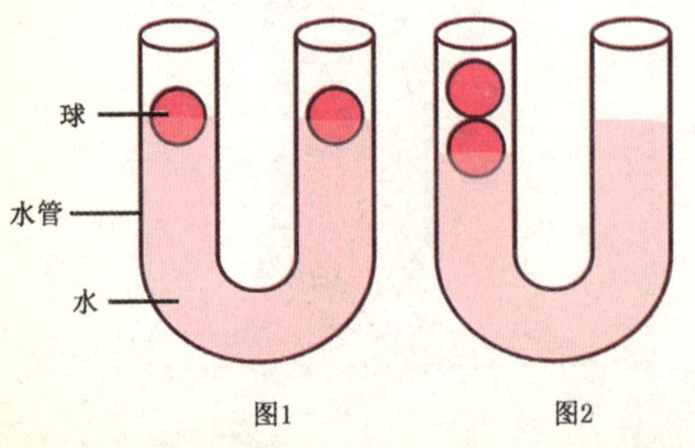

263.移动杯子

如图所示，桌子上并排摆放着3只盛了水的杯子和3只空杯子。若要将它们排成箭头所指的状态，需要挪动几次呢？

264.结2个橘子

有一个书生，非常喜欢炫耀自己的学识，但是他除了懂得一些理论之外，一点实际经验都没有。

一天，他看到一个老农在移植果树，便凑上前去说：“你这种移植方法是不科学的。”接着便滔滔不绝地讲起理论来，老农根本不想听他这些理论，便低头一直做自己的事情。书生见老农对自己说的话表示不屑，便说道：“照你这种做法，从这棵树上要是能收获2个橘子，就足够让我大吃一惊的了。”

这时，老农回过头来将他上下打量了一番，然后慢吞吞地说：“那样的话，不光是你，我也会很惊讶的。”

那么，你知道老农为什么要这样说吗？

265.巧渡河

这是一道古老的谜题，现在很多高难度的渡河谜题都是由此衍生出的。题目是这样的：一个人要带一只狼、一只羊和一棵白菜过河。但是他的小船只能容下他和以上三者之一。如果他先带走狼，剩下的羊就会吃掉白菜；如果他先带走白菜，剩下的狼就会把羊吃掉。只有当他在的情况下，狼、羊、白菜才会相安无事。那么，你认为这个人要怎样才能把3件东西都带过去呢？

266.打靶

7个大小不一的稻草人正立在场地上，一位射手准备开枪打掉3个草人的头部和4个草人的底部。请问，你认为他至少需要开几枪？

267.设计羊圈

农夫想设计一个正方形的羊圈，在羊圈内要用栅栏隔成4个小羊圈，使每个羊圈里都有偶数对羊再加上1只羊。农夫总共有17只羊。你能按照农夫的要求设计出这样的羊圈吗？

268.聪明的营业员

红红和磊磊一起去买冰棍，营业员说：“牛奶冰棍9角钱，巧克力冰棍1元钱。”听完营业员的介绍后，磊磊买了一根牛奶冰棍，并将1元钱放在了柜台上。

这时，红红也把1元钱放在柜台上，对营业员说：“给我一根冰棍。”营业员给了她一根巧克力冰棍。请问，售货员是怎样知道红红是想要巧克力冰棍的呢？

269.密码藏在哪里

第一次世界大战时期，德国女间谍玛利奉命搜集法国的机密情报。她先借机与法国的重要人物摩尔将军相识，然后以好友身份到摩尔将军家里作客，并偷偷将安眠药放在了摩尔将军的酒里，将他灌醉。

将摩尔将军灌醉后，玛利立即找到他的保险箱，想取出里面的重要情报。但是，她并不知道保险箱的密码，试了很多次都没有打开。这时，她想起摩尔将军是一个很健忘的人，一个健忘的人应该会把重要的密码写在某个地方。于是，玛利立即观察保险箱周围的情况，保险箱上没有任何标记，旁边也没有任何记有密码的痕迹，只有一只停摆的钟。指示时间为9点35分15秒。表面上似乎没有找出密码的可能。但观察片刻后，玛利还是找到了密码。

小朋友，你知道密码藏在了什么地方吗？

270.怎样排

将10个棋子排成5排，而且要保证每排都有4个棋子，你知道应该怎样排吗？

271.谁最聪明

三兄弟放学了，从学校回家，走到车站，打算一来车就跳上去。可是，他们一直没有等到回家的车子。这时，老大坚持继续等车。老二却认为应该往前走，他认为应该等车赶上他们的时候大家再跳上去，这样，等的时间已经可以走出一段路程了，就可以早点到家。老三的意见与老大和老二的都不相同，他建议大家往后走，以便更快地遇到迎面开来的车，然后坐上去回家。

他们谁也不能说服别人，只好各自按照自己的意愿去做。老大继续留在原地等车，老二向前走，老三向后走。

请问，你认为他们谁会第一个回到家里呢？谁的做法是最聪明的呢？

272.杯底的饮料

有一杯满满的饮料，杯子是封口杯。请问，要怎样才能先喝到杯底的饮料呢？

73. 占卜

有一个人很迷信。一天，他决定去找算命先生为自己占卜运程。他走在街上，看到两个算命先生分别在街道的左右摆好了摊。他走到左边，左边的算命先生告诉他：“我占卜的技术虽然不是十分精确，但是至少能正确60%。”他又走到右边，右边的算命先生对他说：“很抱歉，我占卜的结果，只有10%是正确的。”这个人想了想，决定找右边的算命先生为他占卜。

难道这个人就不想得到更加准确的占卜结果吗？聪明的你，知道他为什么要找右边的算命先生为他占卜吗？

74. 有几朵红花

花园里有40朵花，分为黄色和红色两种。并且，你无论摘下哪两朵花，至少会有一朵是黄色的。请问，你知道这个花园里究竟有几朵红色的花吗？

275. 寄名画

有人要将一幅名画邮寄给远方的一位朋友，这幅名画卷起来长110厘米。但是邮局规定，只准寄长度不超过1米的物品。那么，你能想一个办法将这幅名画完整地寄出去吗？

276. 树桩的指引

一天下午，甲乙二人误入一片森林的深处后，迷了路，尽管喊了很长时间的救命，但还是没有人回应。他们身上没有任何能指明方向的工具，也没有通讯工具。这时，甲发现林子里有几个树桩，便断定有人曾经来过这里，并告诉乙，他能找到出去的方向。乙不相信，认为这里就算有人来过，也不会有人来救他们，因为那树桩一看便是砍了很久的了。小朋友，你认为甲真的能找到出去的方向吗？

277. 男女过河

有一男一女来到河边，他们都想到河的对岸去。但是，只有一条船，而且小船每次只能载一个人过河。但是，两个人乐呵呵地打过招呼，就顺利地过河了。

你知道为什么吗？

278. 快速送信

在尚无火车、机动车、飞机等交通工具的旧时代，邮件是靠人来传递的。那时，邮件从A市传递到京城，大概需12天。即使加急最快也需要4天。可是，在A市中，有一个密探与在京城的同伴只需半天就能联系上，并能成功地将秘密情报从A市送至京城。

请你想一想，这个密探到底用了什么手段，会在如此短的时间内就能进行联络呢？

279. 房间分配法

据说有一家旅店，共有12个房间，依为1号、2号、3号、4号……12号。有一天，店同时来了13位客人，这13位客人要求各自独住一个房间。旅店老板想了一下，最后出了一个能满足所有人要求的好办法。旅老板的办法是这样的：先让2个客人暂时住1号房间里，然后把其余的客人按顺序依次配到剩下的房间里。于是1号房间住进了2人；3号客人住在2号房间；4号客人住在3号间；5号客人住在4号房间……12号客人住在号房间。最后，再把最先安排的13号客人从号房间转到还空着的12号房间里。这样一来，13位客人都满意地单独住进了12个房间里了。

这种分配方法被称为“狄利克雷房间配法”。请问，你认为这样的安排正确吗？

280. 平分薄饼

有一张圆形薄饼，现在需要3刀将其切大小相等、形状相同的8块，你能办到吗？

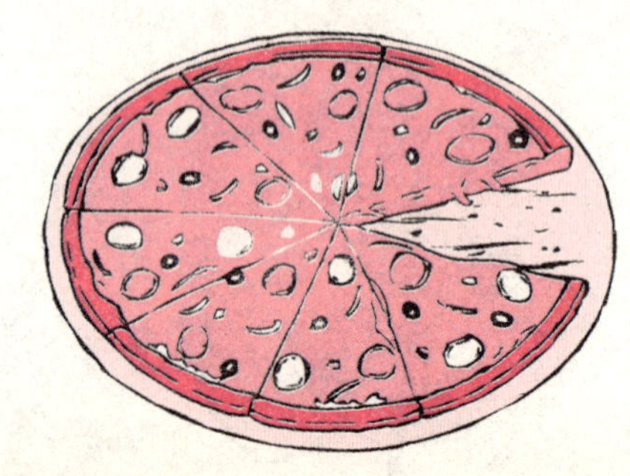

281.将军解“结”

很久以前的一个冬天，马其顿将军亚历山大率领军队进入亚洲的一座城市。亚历山大听说城中有一个复杂的结，如果谁能打开结，谁就会成为亚细亚王。

亚历山大对这个传言非常感兴趣，就请人带他去看那个难解的结，并试图解开它。那个结像许多条蛇缠绕在一起，里里外外杂乱地交错在一起，越理越乱。亚历山大解了很长时间，仍然没有找到结的两头。

最后，他想到了一个办法，终于把这个结打开了。你知道他用的是什么办法吗？

282.巧移乒乓球

桌子上有一只广口杯，倒扣着一个乒乓球。请问：在不将广口杯翻转过来的前提下，有没有可能将倒扣的乒乓球移动到另一张桌子上？广口杯可以略动一下。

283.放扑克

把普通的扑克牌分成两组：

梅花2放左边，黑桃A放右边；

方块3放左边，红桃6放右边；

红桃4放左边，方块7放右边；

那么请问，梅花5应该放到哪一边呢？说出你的理由。

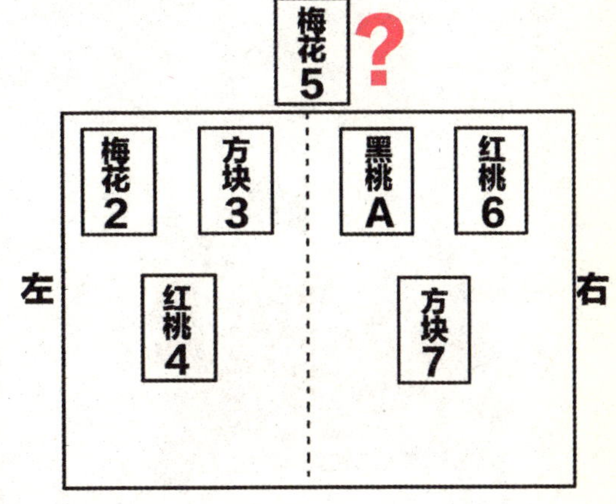

284.跳棋比赛

有一个经典的跳棋游戏，将12只棋子排成一个圆圈，每次移动一只棋子，移动时必须跳过两只棋子，然后与另一只棋子叠合。允许移动6次，使棋子两只两只地叠合在一起，并分别做到：（1）奇数的棋子叠放在偶数上。（2）7到12，6只棋子在上，1到6，6只棋子在下。

请问，你能做到吗？试试看吧！

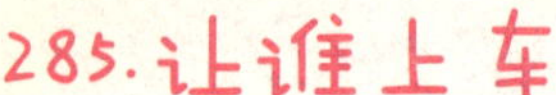

285.让谁上车

在一个暴风雨的深夜，司机开车行驶在回家的路上，现在只能搭载一名乘客了。此时，车到了一个公交车站，有3个人正在站台上等公共汽车。其中一个是患重病的老人，急需到医院进行救治；一个是医生，曾经救过司机的命，司机一直想报答他；一个是司机爱慕已久的姑娘，此刻便是向对方大献殷勤的好机会，错过这次机会，可能就永远得不到姑娘的芳心了。请问，司机该怎么办呢？

286.没撞着穿黑衣的醉汉

公路上有一辆汽车正在飞驰，司机没有开灯。突然，有一个穿黑衣服的醉鬼走到了路中央。这时，没有路灯，也没有月光。眼看那个人就要被汽车撞到了，但汽车却一下子刹住了，你知道这是什么原因吗？

有人答：“醉鬼手里有手电筒。”

有人答：“因为醉鬼大声叫喊。”

但这些答案都不够准确，你知道正确的答案吗？

287.蜡烛

叔叔家里经常在晚上停电，每停一个晚上的电，他们就要用去一支蜡烛，使用后，剩下的蜡烛头又可以做成新的蜡烛继续使用，每4个蜡烛头可以再做成1支蜡烛。现在，他们家已经有16个蜡烛头了。请问，用这些蜡烛头再做成蜡烛，可供几个停电的晚上使用？

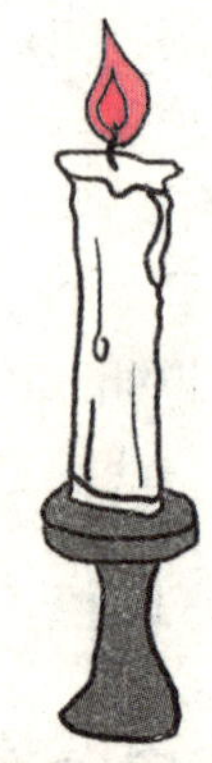

288.共有多少学生

在一次迎接毕达哥拉斯的宴会上，国王问毕达哥拉斯：“你带领了几个学生？”毕达哥拉斯答道：“尊敬的萨摩斯国王，请看，学生的1/2正在做着极有趣的数学；学生的1/4正在从事自然和长生不老奥秘的研究；还有1/7默默地按照我的教育在修身养性。除了这些学生外，还有3个小姑娘，在这3个人中，只有伊莎贝拉最出众。我只把这个学生带到永恒的真理之泉。”小朋友，你知道毕达哥拉斯共有多少学生吗？

289.联系方式

A国的间谍X奉命到B国窃取机密文件，他刚把资料看了一遍，就败露了自己的行迹，被抓进了监狱中。但幸亏他的记忆力很好，看过一遍就全都记住了。

在监狱里的X，无时无刻不在想着怎样才能将自己看到并且记下的机密文件传入自己的国家。有一天，他看见铁栅栏外的一名看守向他发出了信号，原来那名看守是他的一个同伙假扮的。但是，他们相隔三千米之远，不能大声喊叫，更无法传递纸条。最后，聪明的X还是想出了一个好办法，与他取得了联系，将自己入狱的消息和自己看到的资料全都让他带了出去。

小朋友，你知道他们是通过什么方式传递信息的吗？

290.称粮食

有3个袋子，里面分别装着大米、小米和玉米，它们的重量都在30~40斤之间。用一台最少50斤的磅秤，最多称几次就能称出大米、小米和玉米各重多少斤呢？

291.找出最短路线

小壁虎要找妈妈。它要从城堡的一角A到另一角B，城堡是一个立方体（如下图所示），你能告诉它从A到B的最短路线吗？

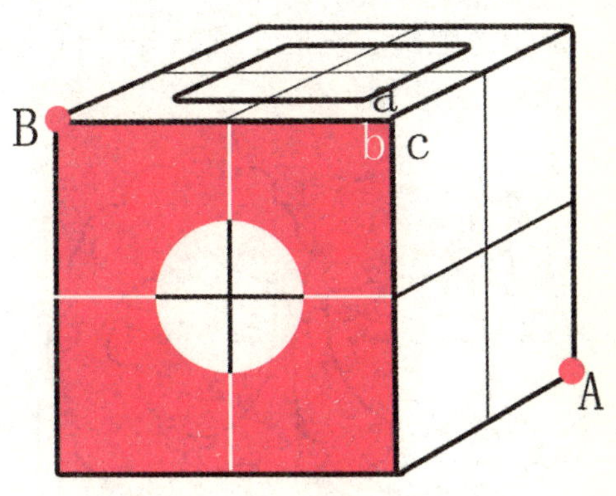

292.怎样取胜

斯巴达克曾是一名角斗士。一次，他被安排参加了团体角斗。

在残忍的比赛中，他的同伴全都倒在了血泊中。这时对方也只剩下3个人。从个人的斗技来说，斯巴达克技艺超群，力大过人，但对方现在有3个人，而且个个都是强手。1个人对付3个强手的攻击，是很难招架得住的。

就在人们以为斯巴达克要失败的时候，他急中生智，想出了一个办法，居然获得了角斗的胜利。你知道他是怎么做的吗？

293. 不洗脸的孩子

姐姐和妹妹一起在花园里干活，为小花除草。干完活后，姐姐的脸还是干干净净的，妹妹却一脸灰土，脏兮兮的。有趣的是，姐姐急忙跑去洗脸，妹妹却没有去洗脸。你认为这是为什么?

294. 3人买马

古时候，有甲、乙、丙3个商人都要买一匹好马，这匹马的价钱是17两金子。可是，这3个商人谁手头的金子都不够。于是甲对乙和丙说，把你们的钱之和借我1/2，我就能买这匹马了。乙对丙和甲说，把你们的钱之和借我1/3，我就可以付买马的钱了。最后丙对乙和甲说，把你们的钱之和借我1/4，我也能买这匹马。那么，你知道这3个商人各自带了多少金子吗?

295. 中奖号码

在一次抽奖活动中，张大叔选择的号码被抽中了。他的这组号码有3个特点：1. 和他的电话号码一样，都是四位数；2. 是电话号码的4倍；3. 电话号码从后面倒着写，正好是这组中奖号码。请你开动脑筋想一想，张大叔的这组中奖号码是多少呢?

296. 国王选女婿

从前，有位国王想为自己的宝贝女儿挑选一个聪明机智的丈夫。于是，他贴出了招聘女婿的告示，并在告示里提了一个古怪的条件："凡前来应考的英俊青年，不能给我送任何礼物，也不可空着手不带东西。"

结果，很多英俊青年都知难而退了，但有一位才貌双全的小伙子却做到了，并最终成为了国王的女婿。小朋友，你能猜出他是怎样做到的吗?

297.飙车

两位飙车爱好者参加了一次奖金丰厚的飙车比赛，他们都很希望得到这份奖金，但只有冠军才能拥有它。然而比赛规定，谁最后到达终点谁就能获得冠军。两位选手都想夺得冠军，但都不想开慢车，他们想了一下，终于想出了一个两全其美的办法。比赛开始后，他们的车速一点都不慢，反而比以前更快。你知道这是为什么吗？

298.兄弟对弈

兄弟俩比赛，在围棋盘上轮流放棋子，游戏规则如下：一次只能放一枚，且棋子之间不能重叠，也不能越过棋盘的边界，棋盘上再也不能放下一枚棋子时，游戏结束。最后，谁放下了最后一枚棋子，谁就获胜。请问，如果弟弟先放棋子，他有必胜的秘诀吗？

299.连点谜题

老师在纸上画了17个点，让同学们按要求连接，这些点非常有趣，从任何一点画一条比点粗的直线连接其他的点，最后应可让每个点至少都能与另1个点连接起来。但奇怪的是，有一个同学在连点的时候，虽然连接了所有的点，最后还是剩下了1个点。这是为什么呢？

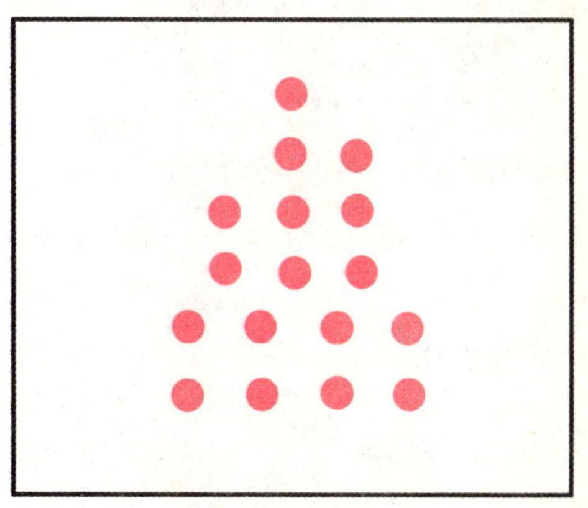

300.照相

米兰买了一个照相机，准备外出旅游时拍照用。他还特意让拥有专业技术的摄影家朋友帮忙按照中午晴天无云的条件对好了光圈。在一个晴天无云的中午，米兰开始拍照。却发现拍出来的照片颜色灰暗，很像黄昏时的颜色。这究竟是为什么呢？

301.贪吃鱼

某人养的红金鱼和黑金鱼大小差不多，但是黑金鱼吃的东西却是红金鱼的2倍，你认为这是为什么？

302.烧香定时间

两根均匀分布的香，烧完的时间是1个小时，在没有任何计时工具的情况下，你会采用什么办法来确定15分钟的时间？

303.一笔两线

用一根铅笔在一张纸上画线，请问，用什么方法可以一次就同时画出两条线？

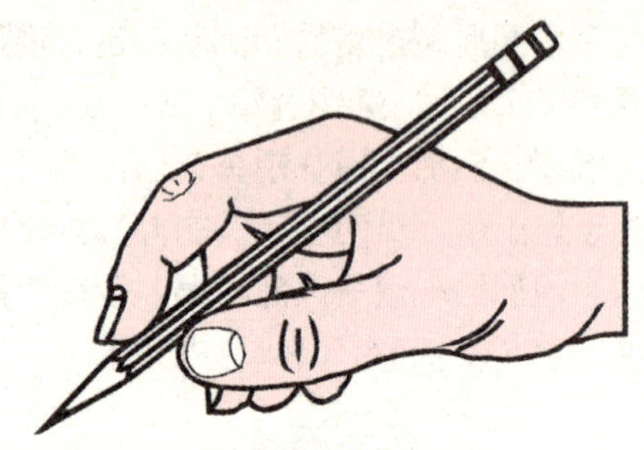

304.取戒指

有一个人不小心将自己的戒指掉进了咖啡杯里，咖啡杯里装满了咖啡。他急忙伸手从咖啡杯里取出戒指。但奇怪的是，他的手和戒指都没有湿。你觉得这有可能吗？

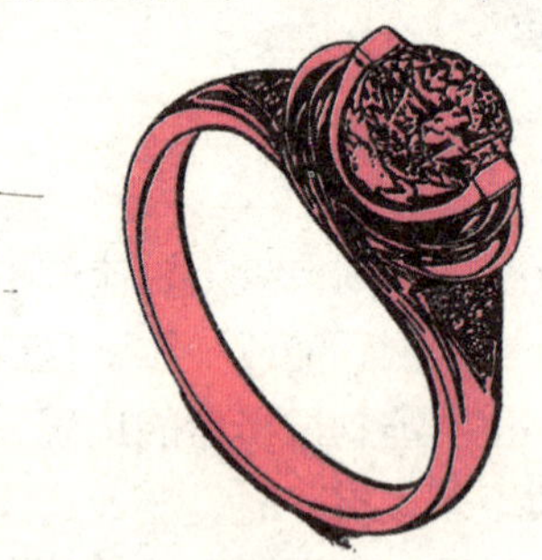

305.捉迷藏

如图所示：这里有12支粉笔组成的4个正方形，和9支粉笔组成的3个三角形。你能只移动正方形中的3支粉笔，将4个正方形藏起1个来变成3个正方形吗？又能只移动三角形中的3支粉笔，把3个三角形变成5个三角形吗？

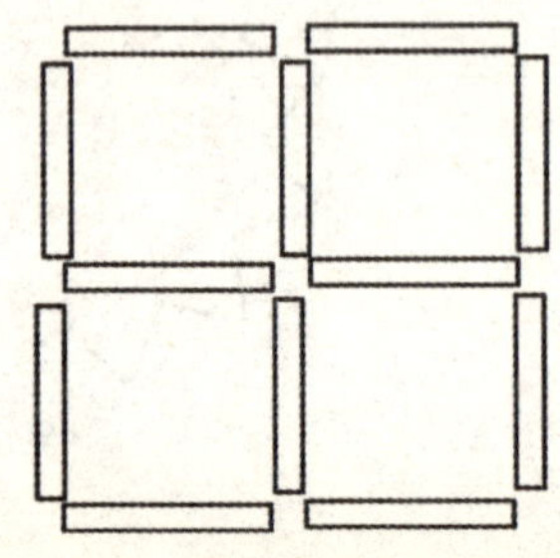

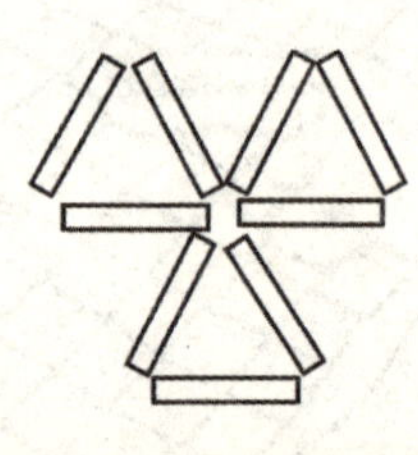

306.驯马高手

有一个马贩子，吹嘘自己是驯马能手，驯的马不管跟哪一匹比赛，都能获胜。不少人买了他的马后，故意去和别的马比赛，结果真的获胜了。

于是马贩子更加吹嘘，并大放厥词说：“每匹马卖1000元。如言过其实，情愿倒贴1000元。”一个人听了他的话后说：“你的马我买下了。不过，得先让我试试它的脚力。”过了一会儿，这个人又来了，又牵走了马贩子的第二匹马。又过了一会儿，马贩子找那个人结账。那个人笑道：“我已跟你结清账了，一分钱也没欠你呀！”马贩子一听，急得嚷道：“两匹马共2000元，你一分钱也没付，怎么说不欠我钱呢？”

是呀，这又是怎么回事呢？

307.算概率

有3枚硬币，一枚有正反两面，一枚两面都是正面，一枚两面都是反面。请问：现在你抛出这3枚硬币，这3枚硬币有两面相同的概率是多少呢？

308.吃了就长大的药

一天，愚蠢的国王对一个医术高明的医生说：“请你给公主一种药，让她吃了马上长大。如果办到了，我就重重地赏赐你。如果办不到，你性命难保。”

医生想了想，回答说：“我老家确实珍藏了一种这样的药，我现在就回去取，但是我取药的这些日子，陛下必须同公主分开，彼此不能见面。否则，这种药就不灵了。”

为了让公主快点长大，国王答应了医生的请求。医生回来后，把带回的药给公主服下，然后带着她去见国王。国王一看，公主果然长大了，也长得更漂亮了，欣喜之下，重重地赏了医生。

其实，世界上根本没有一吃就能长大的药，那么，你能说出医生是怎样满足国王的要求的吗？

309.测大小

两个瓶子，一个细高，一个短粗，肉眼看上去很难分辨出哪一个的体积更大。请问，在没有量杯的情况下，你能测出这两个瓶子哪一个的体积更大吗？

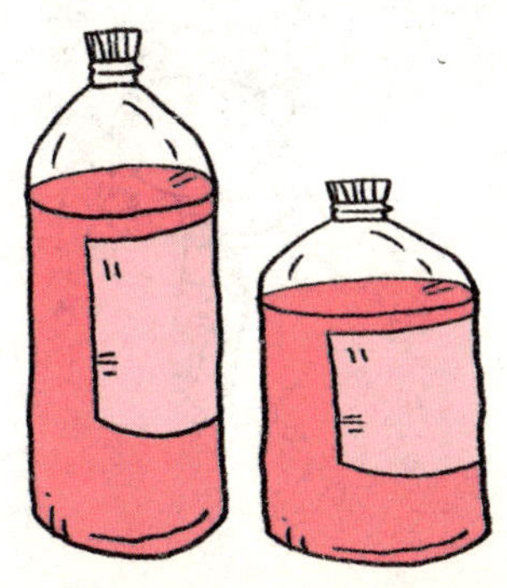

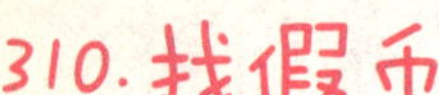

310.找假币

有10堆硬币，每堆有10枚，且这10堆硬币中有1堆全是假币。如果你知道每枚真币的重量，还知道每枚假币比每枚真币重1克，并且你能用一架台式盘秤来称克数。请问，你最少需要称几次才能确定假币呢？

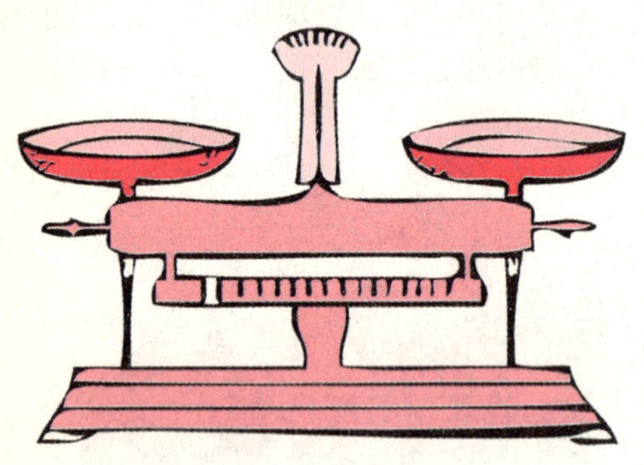

311.触电

小强和妹妹一起去放风筝。不料天空突然电闪雷鸣，倾盆大雨直泻而下。小强急忙带着妹妹到屋檐下躲避。本来在屋檐下是不会触电的，但是小强的妹妹却被雷电击中。你认为这是为什么呢？

312.猜牌

甲、乙、丙、丁4人玩扑克，他们一共抓了9张牌，每人抓了2张，还剩下1张。已知甲抓的2张牌之和是10，乙抓的2张牌之差是1，丙抓的2张牌之积是24，丁抓的2张牌之商是3。请问，如果这9张牌是1~9中的数字，你能猜出他们4人手中抓的是什么牌吗？剩下的又是哪张牌呢？

313.海拔

有一座高山海拔为12365英尺（英国等国家常用的长度度量单位，1英尺约等于0.3048米），当地人根据高山的海拔高度，称这座山为两岁山。请问，你知道人们为什么这样称呼这座山吗？

参考答案

A A

253.巧放月饼

先放的玩家可以遵循以下规则，从而总是获胜：将第一个月饼放在桌子的正中心，然后，每个月饼都放在对手所放月饼的对称位置上，而这总是可行的。

因为第一个玩家的放置总是安全的，所以他不会输。第二个玩家最终会无法再将月饼放在桌子上。

254.停止不动

因为他在电梯里。

255.淘汰赛

32个参赛者中，除了1个冠军外，其余31个都是失败者。这31个失败者，每人至少输了1场，也至多输了1场。因此，全部比赛共进行了31场。显然，全部进行过的比赛不可能比31场多，否则就会有1场比赛没有失败者；也不可能比31场少，否则就不会有31个失败者。

256.几个印章

至少要1个。因为只需要变换印章的位置和角度即可。

257.报纸有几页

由于第8页之前有7页，所以在21页之后一定有7页，因此，报纸总共有28页。

258.3个房间

将3个房间暂命名为1、2、3，三兄弟分别拿一个房间的钥匙，再把剩下的钥匙这样安排：1房间内挂2房间的钥匙，2房间内挂3房间的钥匙，3房间内挂1房间的钥匙。这样一来，无论他们谁先到家，都能有钥匙打开3个房间的门。

259.打猎丧命

他为了视野更宽阔，爬到了高高的树上。他首先发现了猎物，就开枪射击。射击时，后坐力很大，他向后一仰，就失去了平衡，没来得及抓住树枝，也没来得及调整好落地的姿势，就重重地摔到了地上，他是摔死的。

260.逃出井底

4天。很简单，这个人在爬出6米之后，只需要再爬出5米就出井口了，出井口后就不会下滑了。而爬6米需要3天，加上最后5米需要的1天，刚好是4天。

261.神奇的算法

按魔术师的要求，观众写下的是一个数列，即著名的斐波那契数列。这一数列有一个奇妙的性质，前十项的和等于第七项的11倍。因此，只要把第七项（上例中的80）乘以11，就得出这10个数之和。

262.U型水管

如图所示，先塞牢U型管的两边开口，接着将玻璃管倒过来，使这两只乒乓球浮到中央地带。然后，依照逆时针方向缓缓摆正U型管，就可以做到了。

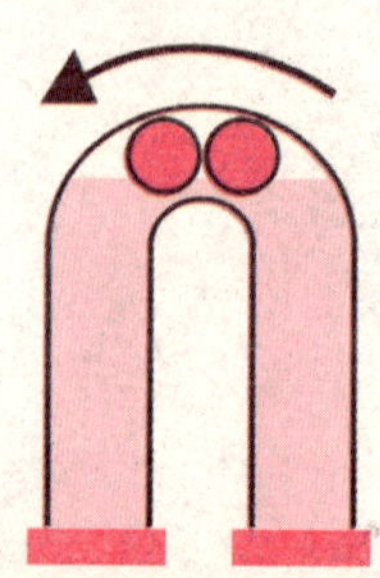

63.移动杯子

只需要挪动1次，把从左数第二只玻璃杯中的水倒入第五只杯子就可以实现了。

64.结2个橘子

因为这根本不是橘子树，而是苹果树。苹果树怎么会结出橘子呢?

65.巧渡河

先把羊送到对岸，人再回来；再把狼带到对岸，人把羊带回来；然后把菜带到对岸，人再回来；最后把羊带到对岸。

66.打靶

至少需要打1枪。因为草人大小不一，高高低低地排成一条直线，子弹就可以同时穿过低草人的头部和高草人的底部。

67.设计羊圈

设计这个羊圈并不难。可以用层层嵌套的方式，把一个羊圈套在另一个羊圈里头。如图（一个圆圈代表一只羊）：

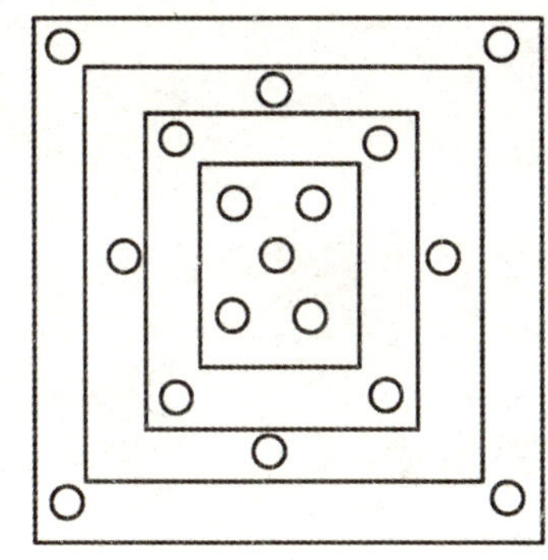

268.聪明的营业员

红红放的这1元钱是1张5角钱、2张2角钱、1张1角钱。如果她想要的是牛奶冰棍的话，她就不会再把那1角钱放在柜台上了。

269.密码藏在哪里

在钟面上，因为这只停摆的钟一直指着9点35分15秒，因此密码为93515。

270.怎样排

排成一个五角星形状，5个角的顶点加上五角星内部的5个交点，一共有10个点，就是要排的10个棋子的位置。

271.谁最聪明

三弟向后走了一会儿，就看见迎面驶来的公交车，跳了上去。这辆车驶到大哥等车的车站，大哥跳了上来。过了不久，这辆车也赶上了二弟，也让他上了车。他们都坐在同一辆车上，当然都是同时回到家里了。最聪明的是大哥，他安逸地留在车站等车，比两个弟弟少走了很多路。

272.杯底的饮料

将吸管直接插到杯底，就能喝到了。

273.占卜

因为他认为右边的算命先生占卜准确率高。虽然只有20%是正确的，但是，如果按照他的相反方向去办的话，正确率可能就高达80%。

274.有几朵红花

有1朵红色的花。假设可能有2朵红花，那么就有可能摘下2朵而其中没有1朵是黄色的，因此，只能有1朵红花，其余的花全部都是黄色的。

275.寄名画

能。做一个长1米、宽和高适当的盒子，把名画斜着放进去。

276.树桩的指引

能。树桩上有年轮，年轮不仅记录了树的年龄，还可以指示方向。年轮密集的一方代表北方，稀疏的一方代表南方。因为北方得不到阳光的直接照射，所以生长得慢，年轮也就密集。

277.男女过河

我们不能被条件给限制住了，题目只说男女要过河，并没有说两人在同一边啊，所以，显然男女在河的两岸，他们自然可以用一条船过河了。

278.快速送信

用信鸽。信鸽的平均时速是50～60公里，所以从A市到京城只用半天就可以飞到了。

279.房间分配法

不正确。因为将2号和13号弄混了，导致2号客人没有房间。

280.平分薄饼

只需要用前两刀切一个“十”字，然后将切下来的这4块重叠，再一刀平分，就能分成大小相等、形状相同的8块。

281.将军解“结”

“快刀斩乱麻”。他拔出宝剑，一剑就把那个结砍成了两半。

282.巧移乒乓球

有可能。由于乒乓球很轻，可以将广口杯略掀开一点儿，再用嘴对着杯子使劲吹一口气，乒乓球就能跳出来。

283.放扑克

梅花5放在右边。大家可以参看扑克牌，左边的牌上、下看都是无变化的，右边的扑克牌颠倒过来就和之前的不一样。

284.跳棋比赛

（1）1→4，5→8，9→12，3→6，7→10，11→2。

（2）12→3，7→4，10→6，8→1，11→2，9→5。

首先要往3和4的位置上叠放棋子，否则后面就跳不过来了。

285.让谁上车

将车交给自己的救命恩人，让他开车送患重病的老人到医院，自己则留下来陪爱慕已久的姑娘等公共汽车。

286.没撞着穿黑衣的醉汉

因为当时是白天。

287.蜡烛

可供5个停电的晚上使用。因为16个蜡烛头可以做成4支蜡烛，4支蜡烛燃烧后的蜡烛头又可以做成1支蜡烛。

288.共有多少学生

28名学生。

289.联系方式

通过手语传递的。

290.称粮食

最多称3次。把大米和玉米、玉米和小米、大米和小米分成3组，一组一组地称。把3次称的重量加起来除以2，就得到一袋大

长、一袋小米和一袋玉米的总重量。然后把总重量分别减去各组的重量即可。

291.找出最短路线

将立方体展开，如图，A和B的连线就是最短的路线。

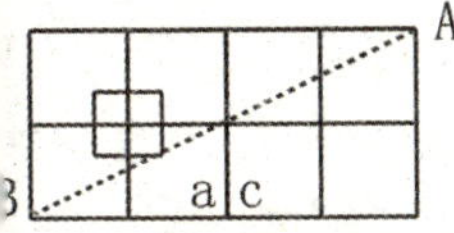

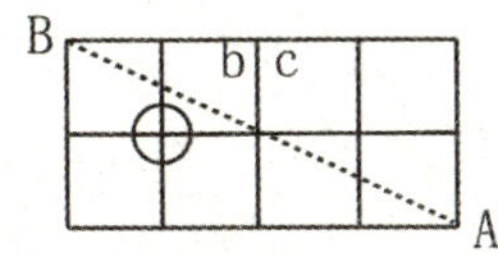

292.怎样取胜

他摆脱对方，拔腿就跑，3个对手紧紧追赶。由于3个人追赶的速度不一样，4个人之间就有了距离，他忽然返身迎战，将他们各个击破。

293.不洗脸的孩子

干完活后，姐妹没有来得及照镜子，姐姐看到妹妹脏兮兮的脸，以为自己的脸也是脏兮兮的，就急忙跑去洗脸。而妹妹看到姐姐的脸很干净，就以为自己的脸也是干净的，所以没有跑去洗脸。

294.3人买马

甲有5两金子，乙有11两金子，丙有13两金子。可用方程式求解，步骤不赘述。

295.中奖号码

中奖号码是8712，电话号码是2178。

296.国王选女婿

才貌双全的小伙子手里抓着一只白鸽，走到国王面前，松开手后，鸽子又飞走了。

297.飙车

他们换车了。换车之后，谁的车先到，谁就输。所以两人都加快了速度。

298.兄弟对弈

有。弟弟先将第一枚棋子放在棋盘的正中间，也就是围棋盘的天元上。此后无论哥哥在中心点之外选取哪一点放棋子，弟弟都可以以中心点为对称点，找到它的一个对称点。这样，只要哥哥能找到放棋子的位置，弟弟同样也能找到相应的放置位置。因此，弟弟必然获胜。

299.连点谜题

那个人像下图中所显示的一样画直线，所以留下个“点”的简体字。

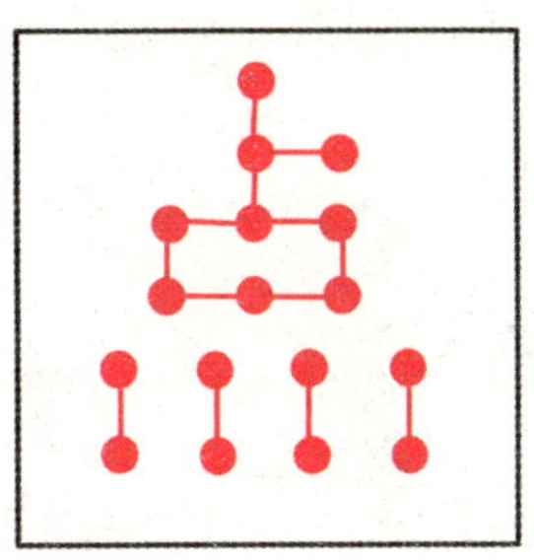

300.照相

因为拍照的时候正好遇到了日食。

301.贪吃鱼

因为黑金鱼的数量可能是红金鱼的2倍。

302.烧香定时间

点燃第一根香的两端，点燃第二根香的一端。当第一根香烧完时就是半小时，这时立即点燃第二根香的另一端，从现在算起，等到第二根香烧完时，就是15分钟。

303.一笔两线

有两种方法可以用一根铅笔一次画出两条线。第一种是把铅笔削成如图1的模样，就可以用一笔画出有间隔的两条线；第二种是如图2一样，用两端削尖的铅笔，在左右两端的纸上同时画一条线。

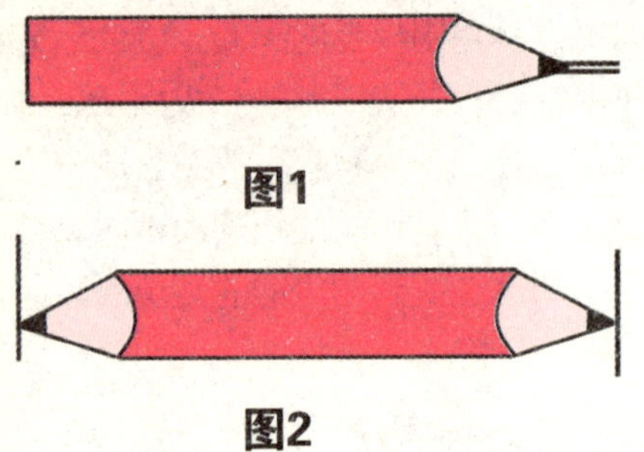

图1

图2

304.取戒指

有可能。如果杯子中的咖啡是固体粉末，那这个人的手和戒指自然就不会湿了。

305.捉迷藏

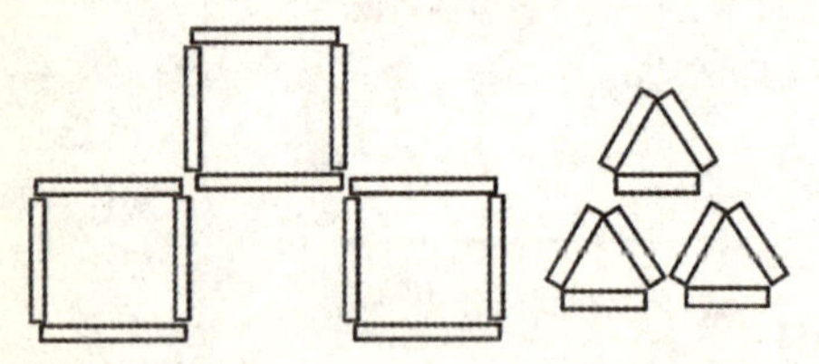

306.驯马高手

那个人说：“我用你卖的这两匹马互相比赛，一胜一负，我该付你1000元，你该倒贴我1000元，两笔账刚好相抵。”

307.算概率

三分之二。如果投掷后都是反面，就有以下3种情况：有正反两面的反面；两面都是反面的一面；两面都是反面的另一面。反之，如果投掷后都是正面，也可以用这种方法推出结果。因此，无论怎样抛，上述3种情况的任何两种情况都会投出两面相同的结果，所以概率为三分之二。

308.吃了就长大的药

医生到远方的老家去找药，一去就是1年。而国王12年不见公主，公主当然长大了。

309.测大小

能。只需要将第一个瓶子装满水，再将水倒入第二个瓶子，若是第二个瓶子中的水因装不下而溢出，表示第一个瓶子体积大；若水持平，表示两个瓶子的体积相同；若水装不满，则表示第二个瓶子的体积大。

310.找假币

1次。只需从第一堆硬币中取1枚放在秤盘上，从第二堆硬币中取2枚放在秤盘上，从第三堆硬币中取3枚放在秤盘上，从第四堆硬币中取4枚放在秤盘上，以此类推，直到从第十堆硬币中取10枚放到秤盘上。这时，先假设其中没有假币，并快速心算出秤盘上的硬币的重量。然后你再看秤盘上硬币的实际重量比你假设的重了多少，如果重了2克，则表示第二堆全是假币，因为你从第二堆取了2枚放在秤盘上。如果重了3克，则第三堆全是假币，以此类推。

311.触电

因为小强的妹妹手里还拉着风筝。

312.猜牌

甲的是1、9；乙的是4、5；丙的是3、8；丁的是6、2。

313.海拔

当地人将数字中的12看作是1年（1年12个月），将365也看作是1年（1年365天），加起来就是两年，即两岁。

第七部分　综合思维谜题

314. 过冰河

迈克和查理到北极探险，被一条冰河挡住了路。冰河很宽，水很凉，即使游得再快，也会被冻死；游过去的办法根本行不通，他们又想到绕行，但绕了很远都绕不过去，根本没有可以绕行的道路。这时，迈克说：“我们有斧子、铁棍等工具，可以造一条木船啊！”可惜的是，在这冰天雪地里，他们连半根木头都没有看到。就在迈克绝望的时候，查理突然想到了一个办法，这个办法帮助他们顺利过了河，并且身体没有被河水浸湿。

如果你是查理，你会想到用一个什么办法来安全过河呢？可以找朋友一起来开动脑筋，看谁的答案最可行！

315. 临界点

一些物体在某个高度落下不会被摔碎，一旦超过这个高度就肯定会碎。如果站在1000层的高楼上，将物体往下扔，测试物体会在哪一层不会被摔碎（临界点），那么至少要扔几次才能得到答案？

316. 对号入座

很久以前，有一个撒哈部落，这个部落的人总是讲真话。但是后来这个部落的一个人和热旦部落的一个人通婚了，因为热旦部落的人从来都不讲真话，所以他们两个人生出来的儿子有时候讲真话，有时候讲假话，有时候真话和假话交替着讲。到后来，撒哈部落的人每讲3句真话都会讲1句假话，而热旦部落的人每讲3句假话都会讲1句真话。此外，这一对家长和他们的儿子各有一个部落号，号码都不相同。他们的名字分别叫作卡瓦、雷蒙、乔西，这些名字在当地都是男女通用的。这3个人各自说了4句话，撒哈人讲了1句假话，3句真话；热旦人讲了1句真话，3句假话。以下是他们讲的话，请你将他们说的话和他们本人对号入座，分别指出谁是爸爸，谁是妈妈，谁是儿子，并分别说出他们的名字和他们的部落号。

甲：

（1）卡瓦的号码是3个人中最大的。

（2）我过去是个撒哈人。

（3）乙是我的妻子。

（4）我的号码比乙的大22。

乙：

（1）甲是我的儿子。

（2）我的名字是卡瓦。

（3）丙的号码是54，或78，或81。

（4）丙过去是热旦人。

丙：

（1）雷蒙的号码比乔西的大10。

（2）甲是我的父亲。

（3）甲的号码是66，或68，或103。

（4）乙曾是撒哈人。

317. 各个击破

这是一道比较复杂的电话号码明细题目，你可以邀请朋友一起来思考。相信头脑风暴法会很快让你们得到答案。

张三、李四、王五、赵六、孙七5人，是红、黄、蓝、绿、紫5个公司的业务员。一天上午，他们分别于10点20分、10点35分、10点50分、11点05分、11点20分，在自己的公司里给其他4个公司中的上述某个人打了电话，所打电话号码分别是2450、3581、6236、7904、8769。请根据以下已知条件判断出何人在何时给哪家公司打了电话，所拨电话号码各是多少？每个人各是哪家公司的职员，其电话号码是多少？

已知条件：

A. 10点50分，一位小姐给黄公司打了电话。这位小姐的电话号码不是2450。

B. 红公司的电话号码为7904，王五女士没有打这个电话号码，蓝公司半小时前打了这个电话号码。

C. 10点20分所打的电话的号码个数之和与张三小姐所打的电话号码的个数之和相等。

D. 绿公司在11点以前打通了李四女士的电话，这个电话号码的第一个数字是偶数。

E. 赵六先生打通的电话的号码是8769，但这个号码不是紫公司的电话号码。

F. 孙七先生也打了电话。

G. 第一个和最后一个打电话的均为男士。

318. 不可信之处

吉姆先生在家里休息时，接到了一个陌生人打来的预约电话。对方很想在下下个星期的星期五去他家里拜访他。但是吉姆先生并不想见这个陌生人，于是他连忙说："下下个礼拜五我非常忙。上午要开会，下午1点钟要去参加一个学生的婚礼，接着4点钟要去参加一个朋友的孩子的葬礼，随后是我叔叔的七十寿辰宴会。所以那天我实在是没有时间来接待您的来访了。"

请问，吉姆先生的话里有一处是不可信的，是哪个地方？

319. 窗户谜题

这是卡洛尔发现的一道著名谜题：窗户透过的光线比想象的多得多，要怎样去改变它才能使它依旧保持正方形但只能进入一半的光线呢？不能用布或其他的东西去覆盖，而它的高度和宽度也必须保持原来的3英尺（英国等国家常用的长度度量单位，1英尺约等于0.3048米）。

320. 目测距离

如图1所示，把一张纸一折为二，留下一厘米的边距，然后在底部用力留下折痕。

如图2所示，把这张纸的短的部分朝上移，直至两部分的边重合，但不要在底部留下折痕。

如图3所示，把这张纸的外侧部分继续上移，直至与内侧部分有1厘米的边距。然后在底部用力留下折痕。

现在，用你的眼睛测量一下，两道折痕之间有几厘米的间距呢？

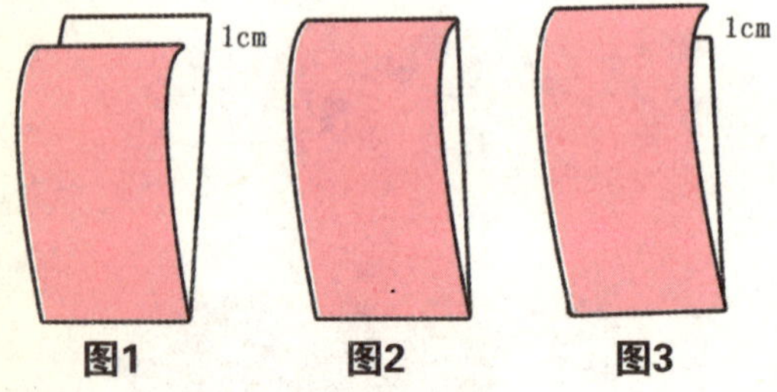

图1 图2 图3

321. 骑驴卖黄瓜

一个人骑着驴到远方卖黄瓜，目的地距他出发的地点足足有1000公里。已知这个人总共要卖3000根黄瓜，但是驴每次只能驮1000根黄瓜，而且每走1公里它都会吃掉1根黄瓜。请问：这个人一共可以卖出多少根黄瓜？

322. 七巧板谜题

图1和图2两个图形是由同一组七巧板拼成的，表面上看起来似乎不合理，但是它们的确是由同一组七巧板组成的。请你开动脑筋，如果你来拼七巧板，你能够做到吗？

图1 图2

323. 超过载重量

军情紧急，上级命令甲立即带队将大炮运往前线。但是在前进的途中，甲却遇到了一座桥，这座桥的最大载重量只有25吨，而每辆炮车的重量就有10吨，每枚大炮重20吨。也就是说，每辆炮车和车上大炮的总重量是30吨，已经超过桥的最大载重量了，如果强行过桥，桥必然会塌！四周又没有任何一条可以绕行的路。一时间，所有人都着急了，他们都希望甲能迅速做出反应，想出好办法。甲急中生智，马上设计出了一个过桥的方案，确保了大炮安然过桥。那么，你知道甲提出了什么方案吗？

324.硬币游戏

有一个硬币游戏，其规则是：

（1）有一堆硬币，共500枚；

（2）双方轮流从中取走1枚、2枚或4枚硬币；

（3）谁取最后1枚硬币谁输。

甲和乙在玩这个游戏，甲开局，乙随后。

双方总是尽可能采取使自己获胜的步骤，如果无法取胜，就尽可能采取和局的步骤。

请问：这两人中是否必定会有一人赢？为什么？

325.做到准确无误

假如你和3个朋友一起玩扑克，轮到你发牌。按照惯例，按逆时针顺序发牌，第一张发给你的右手邻座，最后一张是你自己的。当你正在发牌时，电话响了，你不得不去接电话。打完电话回来，你忘了牌发到谁了。现在，不允许你数任何一堆已发的和未发的牌，也不许他们提醒你，但仍需把每个人应该发到的牌准确无误地发到他们的手里。想一想，你该如何做到这一点？

326.持灯过桥

黑夜，小白一家人要过一座桥，桥上一次最多只能通过两个人。小白一家一共有5个人：小白、弟弟、爸爸、妈妈和爷爷，但全家人只有一盏灯，也就是说，每过一次桥，都必须要有人返回将灯送回，供他人过桥使用。灯在点燃后30分钟就会熄灭，因此小白一家必须抓紧时间过桥。已知小白过桥需要1分钟，弟弟需要3分钟，爸爸需要6分钟，妈妈需要8分钟，爷爷需要12分钟，你认为他们一家要怎样过桥才能确保灯不会在人未过完桥时熄灭呢？提示：假设两人一起过桥，则以过桥速度最慢者计时。

327.分水

有两个8斤的容器，都装满了水，另外有一个3斤的空容器。现在有甲、乙、丙、丁4个人要分这些水给各自的猪喝，但是没有其他工具，只有这3个容器，且容器都没有刻度，请问，他们要怎样才能平分这些水呢？

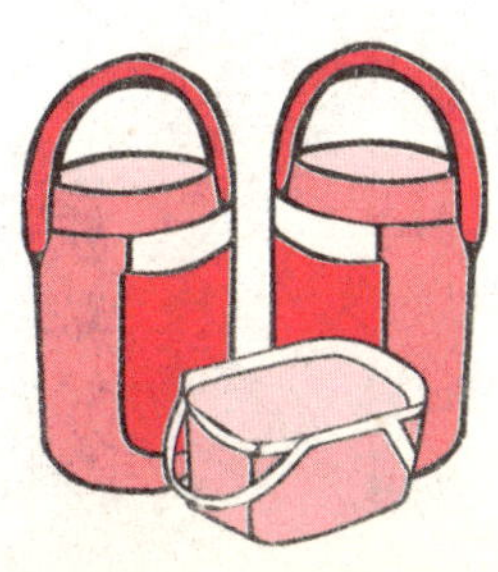

328.预言家

在一个王国里，4个小伙子正在为当预言家而努力。他们分别是小阿、小贝、小玛和小欧。不巧的是，4位小伙子中，最后只有1名如愿以偿地当上了预言家，并在王国都城翡翠城工作。其余3个人，一个人当上了舞师，一个人当了皇帝的侍卫，还有一个人当了画家。以下是他们4个人的预言：

小阿：“小贝成不了舞师。”

小贝：“小玛会成为翡翠城的预言家。”

小玛：“小欧成不了画家。”

小欧：“我会娶一个叫作罗丝的女子。”

在他们的预言中，只有一个人的预言是正确的，这个人当然就是后来当上翡翠城预言家的人。现在请问，他们4个人最后都各自当了什么？小欧真的和一个叫罗丝的女子结婚了吗？

329.马牛问题

有2匹马、3头牛和4只羊，它们各自的总价都不满10000文钱。如果2匹马加上1头牛，或者3头牛加上1只羊，或者4只羊加上1匹马，那么它们各自的总价都正好是10000文钱了。请问：马、牛、羊的单价各是多少文钱？

330.收集野果

3名探险家和他们的一只猴子在一座山上迷了路。在那里，他们发现仅有的食物是野果。他们为收集野果而劳累了一天，于是，大家决定先去睡觉，等第二天起来后再分配。

夜间，一个探险家醒来，决定拿走属于他的那份野果，而不想等到早上。他把野果分为相等的3堆，但发现多出了1个野果，于是他把这个多出的给了他们的猴子。接着他藏好了自己那份野果，又去睡觉了。不久，另一个探险家也醒来。他做了与第一个探险家同样的事，也把此时正好多出来的1个野果给了猴子。而最后，第三个探险家醒来，他也用跟前两个探险家一样的做法分了野果，并把此时多出的1个给了猴子。早晨，当3名探险家起来时，他们决定为猴子留下1个野果后把其余的野果平分为3堆。

请问，他们原来最少收集了多少个野果呢？

331.使用砝码

有科学家验证，用4个砝码可以在天平上称出从1克到40克的全部整克数的重量。但是，你知道这4个砝码应该用多少克的吗？

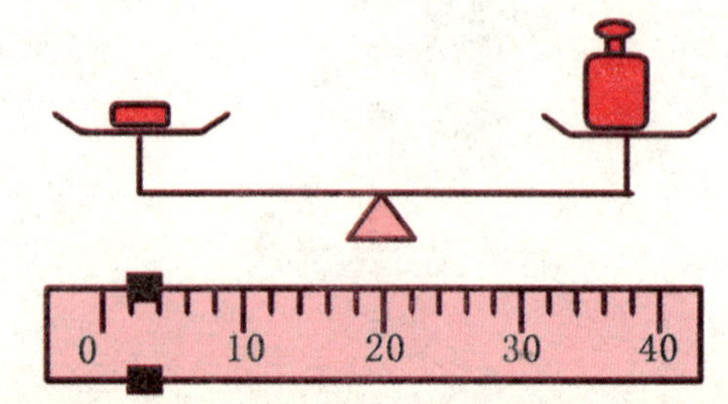

332. 走城堡

国王命令一个士兵走完如下图所示的64座城堡，要求他从A点出发，在适当的地方结束。并且要注意，每个城堡只能走一次，不可重复，路线只许是15条线段组成的一条折线，要转14个弯，每个转折都是直角。那么，你认为士兵应该怎样走才能按照国王的要求把这些城堡都走完呢？（提示：城堡中有一个地方缺少道路。如图下部分所示的缺口处。）

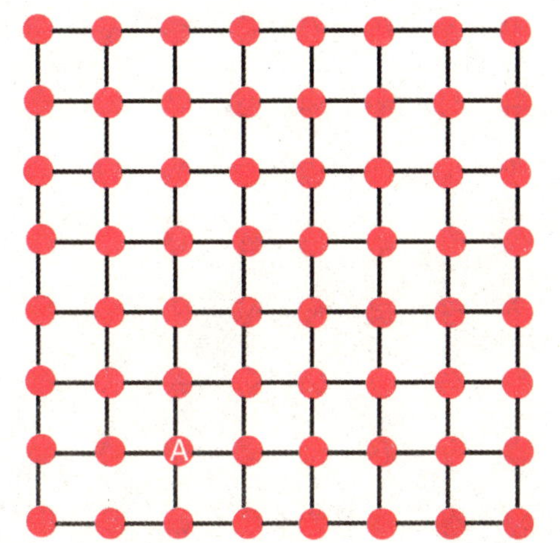

333. 抓球问题

这是一道相对来说较复杂的抓球谜题。题目是这样的：篮子里有100个球，由两个人轮流抓出，能抓到第100个的人就是胜利者。但是抓球的时候有一个条件，就是每次抓球者至少要抓1个，最多不能超过5个。请问，若你也是这两个抓球者中的一员，并且你最先抓，你会选择先抓几个？之后又怎么抓才能确保最终胜利呢？

334. 照镜子

一个人站在两块相对摆放的镜子中间，可以照出无数的影像。假如有一天，屋子前后、左右、上下都是镜子，没有缝隙，那么，你站在这间屋子中能看见什么呢？

335. 日出西边

一天，一个老富翁对自己的儿孙们说："我还没看见过一次从西边出来的太阳，真是太遗憾了。如果你们有谁能让我亲眼看一次太阳从西边出来，我就将所有的财产留给他。不过，不能用镜子或电视反映太阳的图像。"乍一听起来，这位富翁的愿望似乎是不能实现的，但最后，他实现了愿望。他的小孙子想了一个好办法，使他看到了从西边出来的太阳。小朋友，你知道他的小孙子是怎么做到的吗？

336.儿子的错

父亲打电话给儿子，要他替自己买一些生活用品，同时告诉他，钱放在书桌上的一个信封里。儿子找到信封，看见上面写着98，以为信封内有98元，就把钱拿出来，数也没数就放进书包里。

在商店里，他买了90元的东西，付款时才发现，他不仅没有剩下8元，反而差了4元。

回到家里，他把这事告诉了父亲，怀疑父亲把钱点错了。父亲笑着说，他并没有数错，错在儿子身上。

那么，你知道儿子错在了什么地方吗？

337.两只老鼠

有一堵厚5尺的墙壁，大小两只老鼠同时从墙的两面沿一条直线相对打洞。大鼠第一天打进1尺，以后每天的进度为前一天的2倍；小鼠第一天也打进1尺，以后每天的进度是前一天的一半。那么，它们几天可以相遇？相遇时各打进了多少尺？

338.算利润

一个文具商店购进了一批金笔和同样数量的银笔，这些银笔分商务品和纪念品，全部成对，并且只能成对出售。已知：

（1）金笔的进价是每支200元，银笔的进价是每支100元；

（2）这些文具的零售价比购进价高10%；

（3）当这些文具出售到剩下7支时，店主算了一下账，发现出售这些文具目前得到的钱正好等于购买所有这些文具时所付出的钱。也就是说。这笔生意的潜在利润，就是这7支尚未售出的文具的零售价的总和。

那么，你知道利润是多少吗？

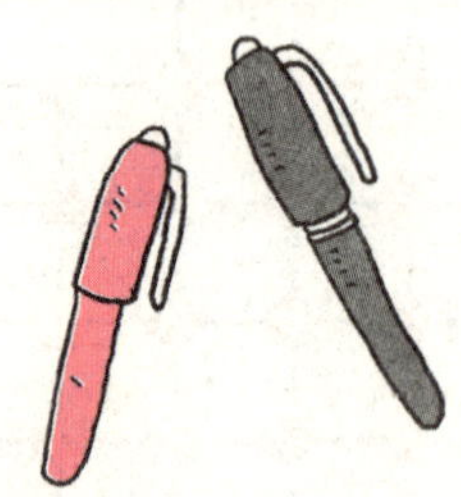

339.方形蛋糕

一块只有一层的正方形蛋糕，现在要把它切开，再组成两块正方形的蛋糕，一块放在底层，一块放在上层，组成两层的蛋糕。并且下层的边长正好是上层边长的2倍。为了避免蛋糕破碎，一定要尽可能地少切几刀。请问，你认为要满足以上条件，至少要在蛋糕上切几刀？该怎样切呢？

340. 多疑的妻子

莉莉、阿伦、洛克和路易斯4位女士去参加一次聚会。

A. 晚上8点，莉莉和她的丈夫已经到达，这时参加聚会的人数不到100人，正好分成5人1组进行交谈；

B. 到晚上9点，由于8点后只来了阿伦和她的丈夫，人们已改为4人1组在进行交谈；

C. 到晚上10点，由于9点后只来了洛克和她的丈夫，人们已改为3人1组在进行交谈；

D. 到晚上11点，由于10点后只来了路易斯和她的丈夫，人们已改为2人1组在进行交谈；

E. 上述4位女士中的1位，对自己丈夫的忠诚有所怀疑，她本来打算先让丈夫单独1人前来，而她自己则过1个小时再到。但是她后来放弃了这个打算；

F. 如果那位对丈夫的忠诚有所怀疑的女士按原来的计划行事，那么当她丈夫已到而自己还未到时，参加聚会的人就无法分成人数相等的各个小组进行交谈。

那么，你知道这4位女士中哪一位对自己丈夫的忠诚有所怀疑吗？

341. 象棋跳马谜题

中国象棋遵循“马走日”的规则，意思是说“马”在棋盘上只能走“日”字形。现在，假设一个棋手将“马”放在棋盘上的任意一个位置上，请问，在走过999步以后，“马”能跳回原来的位置吗？

342. 照片有污渍

一件珍贵的文物，在准备将它拍成黑白照片时，不小心洒上了红墨水。请问，你能不能想到一个简单的方法，使拍出来的照片看不到红墨水呢？

343. 一笔画出

下图不能用一笔就画出来，不过，只要擦去其中一根线，就可以一笔画出图形了。请问，你知道应该擦掉哪根线吗？

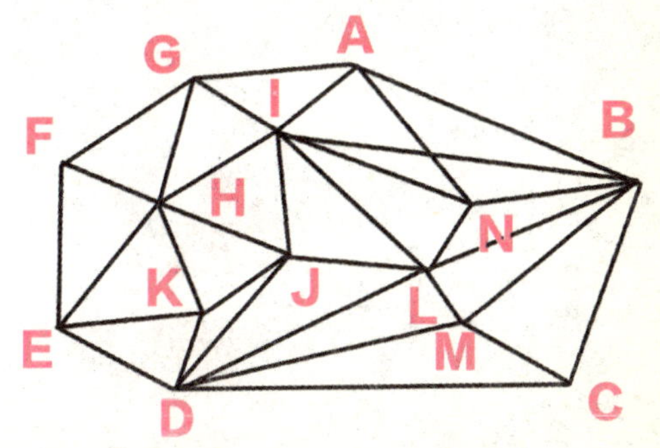

344. 奇特的桥

请你用几块积木搭出图中的桥。从表面上看，这种结构的桥是无法被搭出来的，因为桥的重心极其不稳。但实际上，如果有正确的方法，一样可以搭成这座看似不可能搭成的桥。怎么样，来动手试试吧？

345. 海盗分金

5个海盗得到了100颗宝石，每一颗都一样大小，并且价值连城。他们决定这么分：抽签决定自己的号码（1、2、3、4、5）。首先，由1号提出分配方案，然后大家表决，当且仅当超过半数的人同意时，按照他的方案进行分配，否则将被残忍地扔进大海喂鲨鱼。如果1号死后，再由2号提出分配方案，然后剩下的4人进行表决，当且仅当超过半数的人同意时，按照他的方案进行分配，否则将被扔入大海喂鲨鱼。依此类推，每个海盗都是很聪明的人，都能很理智地做出判断，从而做出选择。

请问：1号海盗提出怎样的分配方案才能使自己的收益最大化呢？

346. 开链条

如图所示，共有9根链条，组成每根链条的圆环的数目不等。

每打开1个环需要10元，把1个打开的环重新封闭上需要20元。请问，最少花多少元能把这9根链条连接成1根首尾相接的封闭的链条呢？

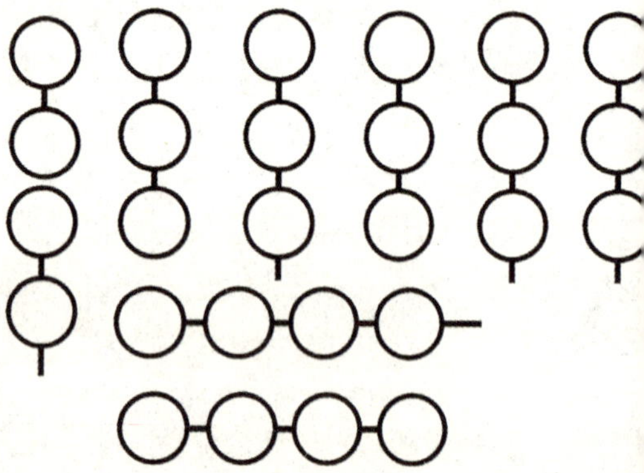

347. 谁被雇用了

张军、李宏、刘强、周海4人应聘同一个职务，该职务的要求条件是：高中毕业；至少有两年的工作经验；退伍军人；具有符合要求的证明书；谁满足的条件最多，谁就会被雇用。

（1）把上面4个要求条件两两配对，可配成6对。每对条件都恰有一人符合；

（2）张军和李宏具有同样的学历；

（3）刘强和周海具有同样的工作经验；

（4）李宏和刘强都是退伍军人；

（5）周海具有符合要求的证明书。

请问，谁被雇用了？

348.动物排名

龙、虎、狗、羊、猴、牛、熊按比赛结果的名次排列情况如下（其中没有相同的名次）：

（1）猴子得第二名或第三名；

（2）狗比猴子高4个名次；

（3）龙比虎低；

（4）虎不比熊低2个名次；

（5）虎不是第一名；

（6）羊没有比猴低3个名次；

（7）龙不比牛高6个名次。

上述说明只有2句是真实的，你能猜出是哪两句吗？试着列出7种动物的名次顺序。

349.击鼠标比赛

菲菲、小龙和圆圆进行击鼠标比赛，菲菲10秒钟能击10下鼠标；小龙20秒钟能击20下；圆圆5秒钟能击5下。以上各人所用的时间是这样计算的：从第一击开始，到最后一击结束。他们是否能打成平手呢？如果不是，谁最先击完40下鼠标？

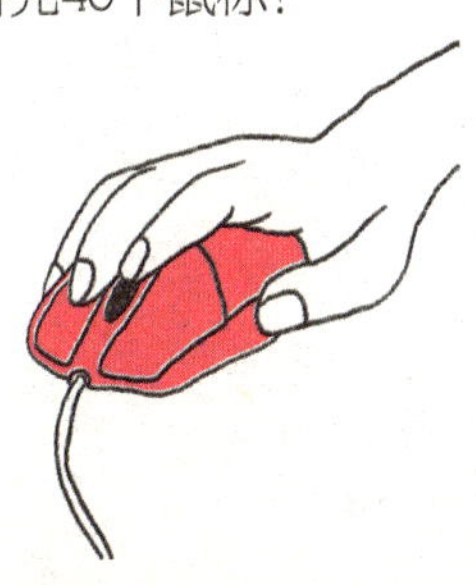

350.雪地取火

小明和小华在雪地里迷路了，想点火取暖。但是，他们身上没有火柴、打火机等取火用具，身边只有一些冰块。该怎么办呢？就在这时，小华拾起一块冰，对小明说：“我有办法了。”请问，你知道小华会用什么办法来取火吗？

351.卖年画

老张是卖年画的，他将每种年画拿出30张，第一种卖1块钱2张，另外一种卖1块钱3张。这60张很快就卖完了。老张记了一下账：30张1块钱2张的年画，收入是15元。30张1块钱3张的年画收入10元，总共25元。

老张又拿出60张年画放在柜台上。他发现不知何时两种年画已经混在一起了。生意太忙了，他也懒得一张张分开来卖。忽然，他灵机一动，如果30张年画是1块钱卖2张，30张是1块钱卖3张，何不把60张年画放在一起，按2块钱5张来卖？这不是一样的吗？

生意结束后，60张年画全按2块钱5张卖出去了，可是老张却发现比原来少卖了1元钱，现在只卖了24元，而按照原先的构想应该是卖25元才对。那么，这1元钱到哪里去了呢？请你帮老张好好想一想。

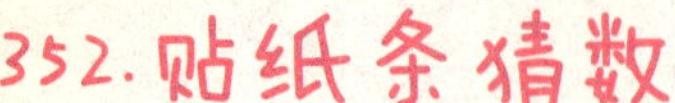

352.贴纸条猜数

一天，教授在每个学生的脑门上贴了一张纸条，并告诉他们，每个人的纸条上都写了一个正整数，且某两个数的和等于第三个（每个人可以看见另两个数，但看不见自己的）。教授问第一个学生：“你能猜出自己的数吗？”学生回答：“不能。”问第二个学生，回答还是不能。第三个也回答不能。再问一遍，第一个回答不能；第二个回答不能；第三个回答：“我猜出来了，是144！”教授很满意地笑了。请问，你能猜出另外两个人的数吗？请说出理由！

353.车内有多少人

有一辆车，出发时只有8名乘客，到第一站时，上来了6个人；第二站时，上来了5个人，下了3个人。到第三站时，上了4个人，下了2个人；到第四站时，上了7个人，下了4个人。请问，这时车里共有多少人？

354.几号房

莫斯住在第十三号大街，这条大街上的房子的编号是从13号到1300号。卡尔想知道莫斯所住的房子的号码，就问莫斯：“它小于500吗？”莫斯回答了卡尔，但是莫斯的答话是假的。

卡尔又问：“它是个平方数吗？”莫斯回答了卡尔，但还是没有说真话。

卡尔接着问道：“它是个立方数吗？”这次莫斯回答了真话。

卡尔最后说道：“如果我知道第二位数是否是1，我就能告诉你那所房子的号码。”莫斯告诉了他第二位数是否是1，卡尔也讲了他所认为的号码。但是，卡尔说错了。请你根据以上信息推测出莫斯住的房子是几号？

355.小猫与砝码

一根绳子穿过没有摩擦力的滑轮，在滑轮的一端悬挂着一只10公斤的砝码，绳子的另一端有只猫，与砝码正好保持平衡。当小猫开始往上爬时，砝码将会有什么动作呢？是上升？还是下降？还是其他状态呢？

356.囚徒分汤

有一间囚房，之前关押了甲和乙两个犯人。每天，看守都会为这间囚房提供一罐汤，并且犯人自己来分汤。起初，甲、乙两个人经常会发生争执，因为他们总是有人认为对方的汤比自己的多。后来他们找到了一个两全其美的办法：一个人分汤，让另一个人先选。于是争端终于和平解决了。

可是，后来，这间囚房里又加进来一个新犯人丙，变成了3个人来分汤。

小朋友，想一想，他们如何做才能维持他们之间的和平呢？（注意一下：这是道心理问题，不是逻辑问题。）

357.钟表问题

英子的腿受伤了，走路很慢。一天早上，她发现客厅的闹钟停了，于是把闹钟调到7点10分后，就回到床上休息。当走进卧室时，她看到墙上的闹钟是8点50分，然后她又躺了一个半小时后，又用同样的时间回到客厅，这时，客厅闹钟显示为11点50分。请问，此时英子应该把时间调到几点？

358.趣味推理

6个好朋友一起到餐厅吃饭，围着一张大桌子坐下，一边坐3个人。服务员拿来菜单，他们6个人点了6样不同的食物，你能根据他们的座位和点餐的情况，猜猜他们谁点了果汁、三明治和土豆片吗？点餐情况如下：

（1）杰克坐在莫菲旁边。

（2）莫菲坐在与露西相邻的男孩对面。

（3）简坐在安娜的对面，简点了果汁、汉堡和炸鱼。

（4）点了牛奶和热狗的男孩坐在露西的对面。

（5）坐在简和哈瑞中间的女孩点了沙拉、夹心面包和洋葱卷。

（6）哈瑞没有点沙拉、炸鸡和炸鱼。

（7）点了沙拉、炸鸡和炸鱼的女孩坐在简对面。

（8）坐在杰克旁边的女孩点了果汁和吐司沙拉。

359.马驮大米

某地有100匹马和100袋大米，马分为大型马、中型马和小型马。1匹大型马每次能驮3袋大米，中型马可以驮2袋大米，而小型马2匹可以驮1袋大米。请问，在刚好必须用完这100匹马的前提下，需要多少匹大型马、中型马和小型马呢？

360.烤面包

已知烤面包的一面需要30秒。现有一烤箱，每次只能烤2片面包。

（1）如何用1分半钟，就烤完3片面包?

（2）假设现在来烤甲、乙、丙3片面包片，并抹上黄油。只有一架烤箱。每次只能烤2片面包，并且每次只能烤一面，如果要烤另一面，必须把它翻过来。

把面包片送进烤箱，把面包片取出烤箱，在烤箱中给面包片翻身，完成这3个基本动作各需要3秒钟。

只需给面包片的某一面抹黄油，但这一面必须是烤过的，一片已经抹上黄油的面包可以送进烤箱去烤另一面。烤一片面包的一面所需要的时间是30秒（这种烤制不必一次完成，例如，可以先烤15秒，取出烤箱，间隔若干秒后放入烤箱再烤15秒），给一片面包抹黄油所需要的时间是12秒。

完成每一个动作都需要双手同时配合，这意味着同时拿出拿进面包，同时在烤箱中翻两片面包，或同时抹黄油和在烤箱中翻面包片等等，都是不可能的。

请问，要完成甲、乙、丙3片面包的两面烤制和一面抹上黄油，最短需要多长时间？并说出你的操作过程。

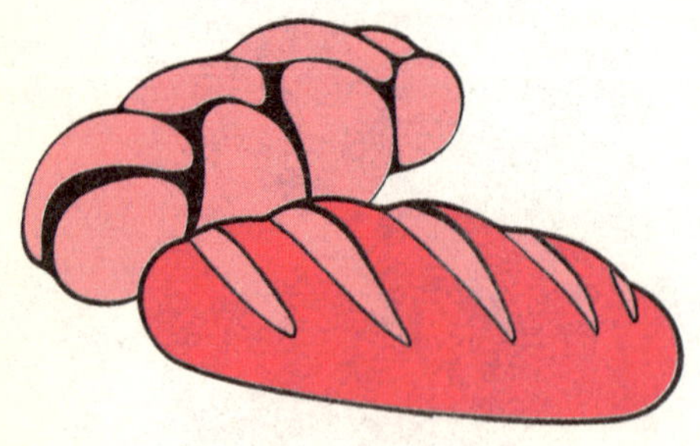

361.验毒酒

一个皇帝有1000瓶香槟，并打算在他的六十大寿时打开喝。不幸的是，其中一瓶香槟被人下了药，凡是沾到者不到一天的时间就会必定死亡 。由于皇帝的大寿就在明天（假设离宴会开始只剩下了24小时），而他要尽快把有毒的酒找出来。所以，皇帝就吩咐侍卫用监牢里的死刑犯来检验酒。如果监牢里的死刑犯足够，那么请问，最少需要多少个死刑犯来检验毒酒呢?

362.轮流拿馒头

师父蒸了一锅馒头，让两个弟子轮流拿。馒头一共30个，每人每次最少取走1个，最多取走2个，不能多取，也不能少取。谁取到最后1个馒头（即第30个），谁就是胜利者。请问，你认为是先拿的那个徒弟赢，还是后拿的那个徒弟赢呢?

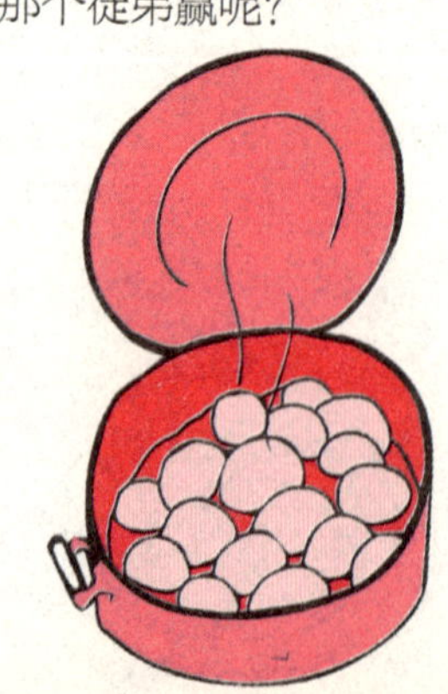

363.如何等分

甲、乙、丙3人要均分21瓶酒。其中7瓶没有开封，7瓶只剩下一半，7瓶是空的。现在，3人想把空瓶和酒等分为3份，却怎么也想不出完美的分配方案，如果每个人不得取4瓶及以上相同的酒瓶，应该如何分配呢？

364.神奇的玻璃球

有一个神奇的玻璃球，若在第X层被摔破，则在任何比X高的楼层均会破；若在第X层不破，则在任何比X低的楼层均不会破。给你两个这样的玻璃球，让你在100层高的楼层中测试，要求用最少的测试次数找出恰巧会使玻璃球破碎的楼层。请问至少需要测几次？

365.5束玫瑰花

“一共有几位姑娘？”花店老板问。

“5位。”艾德大叔答道。

“那么，您买5束玫瑰花吧。我想每束有8朵花比较合适。您要什么颜色的？黄的、粉的、白的或者红的？每一种颜色都要一点吧？”

“那也行。每种颜色来10朵花，一共40朵花。为了让5束花看起来各有特色，我希望每一束花中不同颜色花朵的数量不全相同，不过每束花中每种颜色的花至少应该有一朵。”

5位姑娘所得的花的情况是：丽丽得到的一束花中，黄色的花要比其余3种颜色的花加起来还要多；而拉拉得到的花束中，粉色花要比其余任何一种颜色的花都少；阿莱的花束中，黄花和白花之和与粉色花和红色花的总数相等；安妮所得的那束花，白色花是红色花的2倍；菲菲的那一束花，红色花和粉色花一样多。

请问，每个姑娘得到的花束中，4种颜色的玫瑰花各有几朵呢？

366.报亭的钟

小伟在报亭买了份报纸。他离开时，发现报亭的钟指向3点55分。回到家，家里的钟已是4点10分，但小伟发现，他把书包忘在报亭了，只好以同一速度原路返回去拿。到报亭时，他发现报亭内的时钟指向4点15分。家里的钟是非常准的，那么报亭的时钟是快还是慢呢？

参考答案

14.过冰河

用现有的工具造一条冰船。因为这里有许多厚厚的冰，且冰比水轻，可以浮在水面上。

315.临界点

至少要扔10次。这道题要采用半数分析，取可能值：除以2＝500，除以2＝250，除以2＝125，除以2＝63，除以2＝32，除以2＝16，除以2＝8，除以2＝4，除以2＝2，如果是在3楼碎，则还需要加1次。如果是在1楼碎，就不用再加。因此，需要绝对肯定的答案，至少要扔10次。

316.对号入座

甲为妻子卡瓦，撒哈人，66；乙为丈夫乔西，热旦人，44；丙为儿子雷蒙，54。

根据题意，我们可以推出每个人的部落号，显然条件中关于部落号的叙述均为真。根据“甲的号码比乙大22”“甲的号码是66，或68，或103”，得出乙的号码为44、46或81。再根据“丙的号码是54，或78，或81”和“雷蒙的号码比乔西的大10”，推出2种可能：①甲为卡瓦，66；乙为乔西，44；丙为雷蒙，54。②甲为乔西，68；乙为卡瓦，46；丙为雷蒙，78。

先看第一种可能。甲、丙的2句话都是真的，显然乙才是热旦人，而有关于撒哈人的2种假设。假设①甲为撒哈人，丙为儿子，则推出甲为妻子、乙为丈夫。得出结论甲为妻子卡瓦，撒哈人，66；乙为丈夫乔西，热旦人，44；丙为儿子雷蒙，54。无矛盾，假设成立。假设②丙为撒哈人，甲为儿子，显然丙的话2真2假，不符合撒哈人的特点，假设不成立。

再看第二种可能。显然乙和丙不可能是热旦人，甲是热旦人，而有关于撒哈人的2种假设。假设①乙为撒哈人，丙为儿子，则根据乙的话推出甲是儿子，显然有冲突，假设不成立。假设②丙为撒哈人，乙为儿子，根据丙的话推出丙是儿子，显然有冲突，假设不成立。

317.各个击破

张三小姐是红公司职员，其电话号码是7904。在10点50分给黄公司打了电话，所拨号码为3581。

李四女士是蓝公司职员，其电话号码是6236，在10点35分给红公司打了电话，所拨号码为7904。

王五女士是黄公司职员，其电话号码是3581，在11点05分给紫公司打了电话，所拨号码为2450。

赵六先生是紫公司职员，其电话号码是2450，在11点20分给绿公司打了电话，所拨号码为8769。

孙七先生是绿公司职员，其电话号码是8769，在10点20分给蓝公司打了电话，所拨号码为6236。

推理过程如下：

①根据B推出，在10点20分、10点35分、10点50分，蓝公司拨打红公司7904电话，再根据A和C，确定时间为10点35分。②根据C，10点20分所打电话与张三女士所打电话应为6236和3581任一个。③根据D，推出10点20分，绿公司拨打李四女士电话，所拨号码为6236；而张三女士所拨电话为3581。④再综合下A和已知条件，黄公司的一定是3581，是张三女士所拨打的。⑤再根据条件，推出，孙七是第一个打电话的，是绿公司职员，电

话为2450或8769；李四为蓝或紫公司的；张三为紫或红公司的；赵六为紫、黄、红公司的；王五为红、紫、黄公司的；8769为蓝或绿公司电话。

假设①，李四为紫公司的，8769为蓝，则推出张三为红，而赵六和11点05分打电话的均为黄公司，显然矛盾，假设不成立。

假设②，李四为紫公司的，8769为绿，同假设一，有矛盾，假设不成立。

假设③，李四为蓝公司的，张三为紫公司的，则推出8769为绿，2450为紫，根据A，张三的电话不可能是2450，显然假设错误。

假设④，李四为蓝公司的，张三为红公司的，则推出8769为绿，11点05分为黄公司打紫公司电话，故赵六为紫公司的，王五是黄公司的，没有矛盾，假设成立。有兴趣的同学可以试试，如果没有条件G，会有几种结果呢？

318.不可信之处

不合理的地方是朋友的孩子的葬礼，没有葬礼会隔至少14天的时间才举行的。

319.窗户谜题

320.目测距离

1厘米。

321.骑驴卖黄瓜

533根。把驮黄瓜时的量最大化（1000根），回来时最小化（1根），即每次前进1公里，所以得出：

（1）当黄瓜数大于2000时，要驮3次，每公里损耗5根黄瓜；

（2）当黄瓜数大于1000时，要驮2次，每公里损耗3根黄瓜；

（3）当黄瓜数大于1000时，就直接驮往终点，每公里损耗1根黄瓜；

A. 1000/5＝200可得出：走完200公里时损耗1000根，余2000根。

B. 1000/3≈333.3可得出：再走完333公里时损耗999根，余1001根。

C. 剩下1001根黄瓜走1000-200-333＝467公里，但只能装1000根，所以最后剩下1000-467＝533根。

因此，这个人一共可以卖出533根黄瓜。

322.七巧板谜题

323.超过载重量

用比桥面长的钢索，拴在炮车和大炮之间，使炮车和大炮不会同时压在桥上，然后

F动炮车，将大炮拖过桥。

324.硬币游戏

会。分析如下：

甲先拿1个，这以后根据乙的3种情况采取以下策略。

乙拿1个，甲拿2个；

乙拿2个，甲拿1个；

乙拿4个，甲拿2个。

也就是说，每次保持和乙拿的总数一定是3或6，由于499＝3×166＋1，每轮甲与乙拿的总数一定是3的倍数，所以经过n次以后，一定会给对方留下1或4个，给对手留下1或4，对手就输了。

325.做到准确无误

假设全副牌不包括大、小王，即总数52张，则把未发的牌从最后一张开始由下往上发，第一张先发你自己，然后按顺时针顺序把牌发完即可。如果全副牌总数54张，则第一张牌先发你的对家。

326.持灯过桥

第一步：小白与弟弟过桥，小白持灯回，共花4分钟；第二步：小白与爸爸过桥，弟弟持灯回，共花9分钟；第三步：妈妈与爷爷过桥，小白持灯回，共花13分钟；第四步：小白与弟弟过桥，共花3分钟。一共花29分钟。

327.分水

先将两个8斤的容器分别编号为1和2，将一个3斤的容器编号为3。然后开始分水。

（1）从1号里面倒出水来将3号灌满。让甲的猪将3号容器里的3斤水喝光。接着再把1号的水倒入3号，让乙的猪将1号剩下的2斤水喝光。这时，1号容器空了，2号和3号都是满的。在这一步中，丙、丁的猪还没有喝过水。

（2）把3号的水倒入空的1号，接着把2号的水倒3斤给3号，3号倒入1号，再把2号剩下的倒3斤入3号，这时，3号里有3斤，而1号只能再倒入2斤，当1号倒满时，3号里剩下1斤，这样一来，1号是8斤，2号是2斤，3号里剩下1斤。将3号里的这1斤给丙的猪喝光。

（3）把1号倒入空的3号，再把2号倒入1号，这样一来，1号里是7斤，3号里是3斤。然后把3号倒入2号，把1号倒入3号，3号再倒入2号，1号再倒入3号，这时1号有1斤，2号有6斤，3号有3斤，将1号里的1斤让丁的猪喝光。

（4）用3号将2号倒满，3号还剩下1斤，让甲的猪将3号这1斤喝光，这样，甲的猪到此时总共喝了4斤。这时，1号和3号是空的，2号是满的。将2号倒入3号，2号还剩下5斤，3号是满的。让丙的猪喝掉3号里这3斤，到此时丙的猪一共喝了4斤。

（5）将2号倒入3号，2号还剩下2斤，3号是满的。这时，让乙的猪将2号喝光，到此时，乙的猪喝了4斤。然后，再让丁的猪把3号喝掉，到此时，丁的猪喝了4斤。

328.预言家

先假设小贝的预言成真，则小玛会成为翡翠城的预言家。如此，小玛的预言也是正确的。这样一来，就有两个人成为了预言家，与题目不符合。因此，小贝的预言不正确。也就是说，小贝和小玛都没有成为预言家。这样的话，小玛的预言也不正确，那么，小欧会成为画家，而不是预言家。

现在，答案已经明了了很多，最后成为

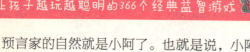

预言家的自然就是小阿了。也就是说，小阿的预言是正确的，即小贝成不了舞师。既然小贝成不了舞师，那就只能是皇帝侍卫了，因为目前已经只剩下这两个职位了。

将答案整理出来为：小阿成为预言家，小贝成为皇帝侍卫，小玛成为舞师，小欧成为画家。又因为小欧的预言是错误的，所以他不会和一个叫罗丝的女子结婚。

329.马牛问题

根据条件，可列出如下3个含有文字的等式：

①2马＋1牛＝10000文

②3牛＋1羊＝10000文

③4羊＋1马＝10000文

①式和②式等号两边分别相加，等式仍成立：④2马＋4牛＋1羊＝20000文

②式＋③式得：⑤1马＋3牛＋5羊＝20000文

⑤式等号两边各乘以2，减去④式得：⑥2牛＋9羊＝20000文

将②式乘以9，再减去⑥式得：25牛＝70000文，即牛＝70000/25＝2800文。再将牛的单价代入①式，就可得每匹马是3600文，每只羊1600文。

330.收集野果

79个野果。令n代表原先野果的数量，则有：

给猴子的数量	每个人藏起来的数量	每次取完余下的数量
1	$\frac{n-1}{3}$	$\frac{2n-2}{3}$
1	$\frac{2n-5}{3}\div 3=\frac{2n-5}{9}$	$\frac{2(2n-5)}{9}=\frac{4n-10}{9}$
1	$\frac{4n-19}{9}\div 3=\frac{4n-19}{27}$	$\frac{2(4n-19)}{27}=\frac{8n-38}{27}$
1	$\frac{8n-65}{27}\div 3=\frac{8n-65}{81}$	0

n为原先野果的总数，而 $f=\frac{8n-65}{81}$ 为第二天早上每个探险家所分到的野果数，显然f和n都应该是整数，让f 从1开始连续地取整数值，从而可得出，要使n为整数的最小的f值为7，此时，n＝79。

331.使用砝码

使用两个分别为1克和3克的砝码，就可以称出4克的重量。依据这个道理，可以推出更多的数量，但是所选择的砝码必须相互利用。

比如：要用1克和3克的两个砝码称2克的重量，就可以在天平的右端放1克砝码和物体，在天平左端放3克的砝码。按照这种思路计算，可以得出需要的4个砝码克数分别是：1克，3克，9克和27克，它们加起来正好是40克。如果用这几个砝码称20克的物体时，就在天平左端放1克和9克的砝码以及物体，右端放3克和27克的砝码。

332.走城堡

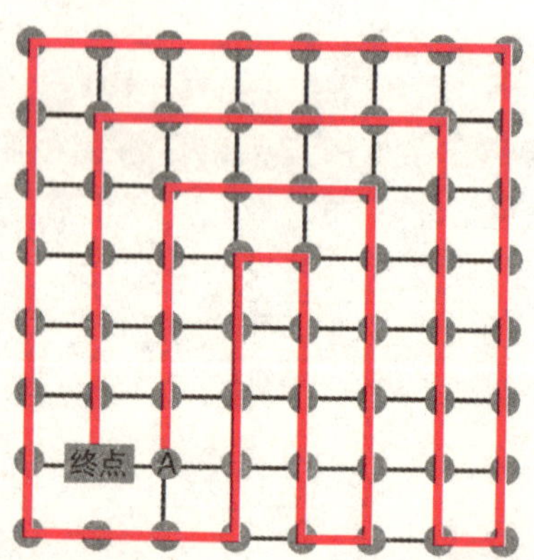

333.抓球问题

先抓4个；对方抓N（1≤N≤5）个，你就抓6-N个，依此类推，可以保证你能抓到第100个。

（1）可以运用逆向推理，假设球只剩6个，让对方先抓，你一定能拿到第6个。理由是：如果他拿1个，你拿5个；如果他拿2个，你拿4个；如果他拿3个，你拿3个；如果他拿4个，你拿2个；如果他拿5个，你拿1个。

（2）我们把100个球从后向前按组分，6个一组。100不能被6整除，因此就分成17组，第一组4个，后16组每组6个。

（3）先把第一组的4个抓完，后16组每组都让对方先抓，自己抓完剩下的。这样的话，你就能抓到第16组中的最后一组，即第100个。

334.照镜子

什么也看不见，因为没有光线。

335.日出西边

小孙子同爷爷乘坐飞机，以高于地球自转的速度向西飞行。最后，终究能看见从西边出来的太阳。

336.儿子的错

儿子把信封上的字看倒了。应该是86，而他却看成了98。

337.两只老鼠

把尺化成寸来计算，即墙厚50寸。于是两只老鼠每天的进度如下表：

	第一天	第二天	第三天
大鼠	10寸	10×2＝20寸	10×2×2＝40寸
小鼠	10寸	10÷2＝5寸	10÷2÷2＝2.5寸
合计	20寸	25寸	42.5寸

由表可知，两只老鼠在两天的时间共打进了45寸，那么，再打进5寸，它们就可以相遇了。而打5寸并不需要第三天的一整天时间，只需要5÷（10×2×2＋10÷2÷2）＝2/17。

于是有，两只老鼠需要2＋2/17＝36/17（天）。相遇时，大鼠打进了10＋10×2＋10×2×2×2/17＝590/17（寸）；小鼠打进了10＋10÷2＋10÷2÷2×2/17＝260/17（寸）。

338.算利润

设x为店主购进的金笔的数目，因此自然也就表示购进的银笔的数目。令y表示在7个尚未售出的文具中金笔的数目，因此在尚未售出的文具中银笔的数目就是7-y。已售出金笔（以220元/支出售）的数目就是x-y；已售出银笔（以110元/支出售）的数目就是x-（7－y）＝x-7＋y。

店主购进这些文具的花费是：金笔200x元，银笔100x元，总计300x元。已售出的文具所得的收入是：已售出金笔收入220（x－y）元，已售出的银笔收入110（x－7＋y）元，总计330x－110y－770（元）。

由条件：300x＝330x-110y－770

由上式得：3x＝11y＋77

因为x和y都是正整数，y不大于7，所以y只能或者是2，或者是5。如果y＝2，则x＝33，而这是不可能的，因为银笔全部成对。因此y＝5。

所以结论是：店主买进44支金笔和22对银笔，共花了13200元；售出了39支金笔和21对银笔，共收入13200元。还剩下5支金笔，2支银笔，共可卖1320元。

339.方形蛋糕

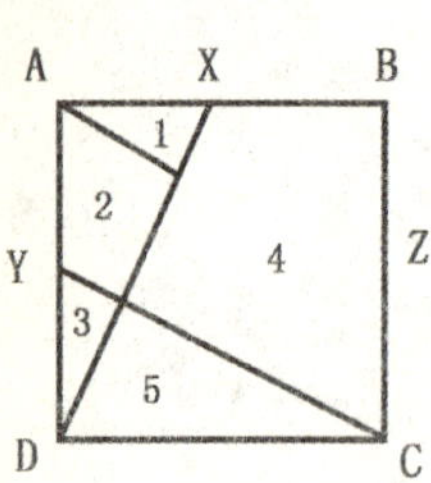

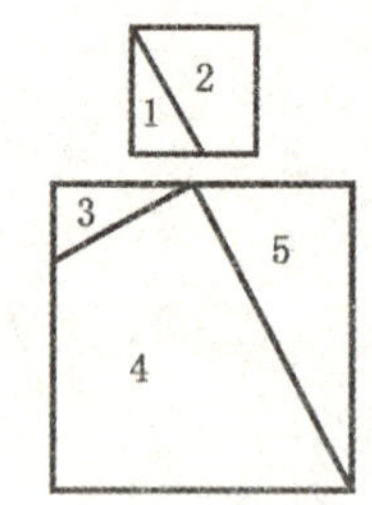

340.多疑的妻子

设X为8点时参加聚会的人分成的每组人数，则根据A，这时参加聚会的共有5X位。设Y为9点时参加聚会的人分成的每组人数，则根据B，这时参加聚会的共有4Y位，而且5X＋2＝4Y。设Z为10点时参加聚会的人分成的每组人数，则根据C，这时参加聚会的共有3Z位，而且4Y＋2＝3Z。设W为11点时参加聚会的人分成的每组人数，则根据D，这时参加聚会的共有2W位，而且3Z＋2＝2W。经过反复试验，得出在第一个和第二个方程中X、Y和Z的可能值如下（根据A，X不能大于20）。5X＋2＝4Y，Y＋2＝3Z。由于Y在两个方程中必须有相同的值，所以Y＝13。

于是X＝10，Z＝18。由于Z＝18，所以从第三个方程得：W＝28。因此，参加聚会的人数，8点时是50人，9点时是52人，10点时是54人，11点时是56人。

根据A、E和F，如果是莉莉按原来打算在她丈夫之后1小时到达，则8点时参加聚会的人数就会是49人。根据B、E和F，如果是阿伦按原来打算在她丈夫之后1小时到达，则9点时参加聚会的人数将会是51人。根据C、E和F，如果是洛克按原来打算在她丈夫之后1小时到达，则10点时参加聚会的人数将会是53人。根据D、E和F，如果是路易斯原来打算在她丈夫之后1小时到达，则11点时参加聚会的人数将会是55人。在49人、51人、53人和5人这4个人数中，只有53人不能分成人数相等的若干个小组（为了能进行交谈，每组至少要有2人）。因此，根据C和F，对自己丈夫的忠诚有所怀疑的是洛克。

341.象棋跳马谜题

马不能跳回原来的位置。如果我们把象棋棋盘上的交叉点看作是黑白相间的方格，那么，马每走一步都是由白格跳入黑格，或者从黑格跳入白格。假设“马”原来在白格，再走过999步后，也就是走过一个奇数步以后，必定跳入黑格，绝对不可能再走到白格中。

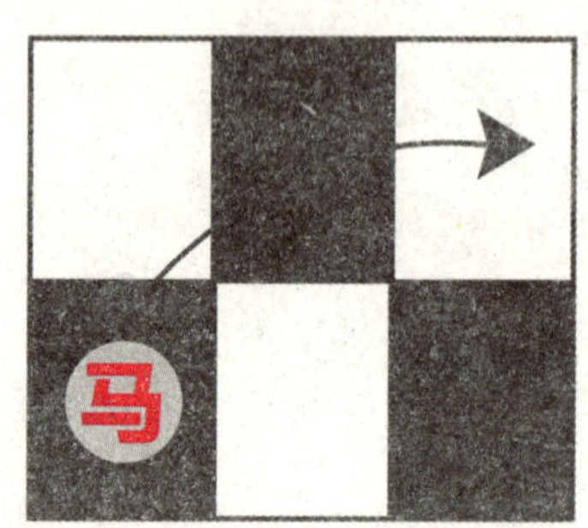

342.照片有污渍

可以在红光下拍摄，或者在文件上蒙一层红色玻璃纸再拍照。

343.一笔画出

图形上线段的端点可以分成两类：奇点和偶点。一个点，以它为端点的线段数目是奇数的话，就为奇点，如下图中的C、B、E、F；一个点，以它为端点的线段数目是偶数的话，就称为偶点。一个连通的图形，如果它的奇点的个数是0或者2，这个图形一定能一笔画成。

所以，应擦掉线段IJ。

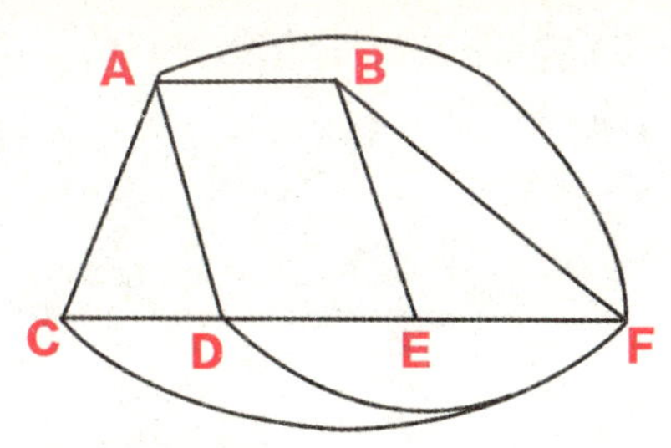

44.奇特的桥

如下图，只要在搭建开始时多放两块作桥墩，当搭好后桥的结构稳定了，这时就可以把多余的桥墩撤走了。

345.海盗分金

从后向前推，如果1至3号强盗都喂了鲨鱼，只剩4号和5号的话，5号一定投反对票让4号喂鲨鱼，以独吞全部金币。所以，4号唯有支持3号才能保命。

3号知道这一点，就会提出“100，0，0”的分配方案，对4号、5号一毛不拔而将全部金币归为已有，因为他知道4号一无所获但还是会投赞成票，再加上自己1票，他的方案即可通过。

不过，2号推知3号的方案，就会提出“98，0，1，1”的方案，即放弃3号，而给予4号和5号各1枚金币。由于该方案对于4号和5号来说比在3号分配时更为有利，他们将支持他而不希望他出局而由3号来分配。这样，2号将拿走98枚金币。

同样，2号的方案也会被1号所洞悉，1号将提出（97，0，1，2，0）或（97，0，1，0，2）的方案，即放弃2号，而给3号1枚金币，同时给4号（或5号）2枚金币。由于1号的这一方案对于3号和4号（或5号）来说，相比2号分配时更优，他们将投1号的赞成票，再加上1号自己的票，1号的方案可获通过，97枚金币可轻松落入囊中。这无疑是1号能够获取最大收益的方案了！答案是：1号强盗分给3号1枚金币，分给4号或5号强盗2枚，自己独得97枚。分配方案可写成（97，0，1，2，0）或（97，0，1，0，2）。

“海盗分金”其实是一个高度简化和抽象的模型，体现了博弈的思想。在“海盗分金”模型中，任何“分配者”想让自己的方案获得通过的关键是事先考虑清楚“挑战者”的分配方案是什么，并用最小的代价获取最大收益，拉拢“挑战者”分配方案中最不得意的人们。

1号看起来最有可能喂鲨鱼，但他牢牢地把握住先发的优势，结果不但消除了死亡威胁，还收益最大。这不正是全球化过程中先进国家的先发优势吗？而5号看起来最安全，没有死亡的威胁，甚至还能坐收渔人之利，却因不得不看别人脸色行事而只能分得一小杯羹。

346.开链条

可以选择有3个环和4个环的那2根链条，把所有的环打开，然后通过重新封闭它们，把其余的7根链条连成1根首尾相接的链条。这样只需要花210元。

347.谁被雇用了

李宏。

根据题意，4个条件两两组合，都只有一个人满足。已知，李宏满足高中毕业＋退伍，刘强满足经验＋退伍，周海满足经验＋

证明书，其余3种高中毕业+经验、高中毕业+证明书、退伍+证明书待定。首先排除一个人拥有4个条件的可能，因为如果一个人拥有了4个条件一定会和题意只有一个人满足一对条件冲突。同时，也排除一个人只有一个条件的可能。原因相似，会有不止一个人满足一对条件。从张军入手，有2种假设。假设张军同时有经验，而推出李宏拥有证明书，而另外2个人只有2个条件。假设张军有证明书，显然推不出哪个人拥有3项条件，这样就不能满足任意一对条件有一人满足，假设错误。

348.动物排名

（1）、（5）是真实的。动物的名次有2种：龙、猴、狗、熊、羊、虎、牛和龙、熊、猴、虎、狗、羊、牛。

这道题如果正着推，任意2句为真，则有21种可能。那就从假设某句为假开始，尤其是从否定的判断（5）开始看。

第一步：假设（5）是假的，那得出虎是第一名，显然（3）、（4）为真，那别的是假的，显然（7）和虎是第一名的结论冲突，所以，我们得出（5）一定是真实的，其他只有1句是真的。

第二步，排除（3）是真的。如果（3）真，则（7）假，龙比牛高6个名次，显然不合题意。所以，（3）一定是假的。

第三步，下面就剩下5种假设，先假设（1）是真实的，其余为假。（7）假，则得出龙是第一名、牛是最后一名。（6）是假的则有2种结果：当猴子为第二名，羊为第五名；当猴子为第三名，羊为第六名。再看（4），虎比熊低2个名次，亦有2种结果：熊第四名、虎第六名；熊第二名、虎第四名。

因此，得出结论，（1）、（5）是真实的。动物的名次有2种：龙、猴、狗、熊、羊、虎、牛和龙、熊、猴、虎、狗、羊、牛。

我们再来看看别的假设是否成立。假设（2）是真实的，其余为假。通过（7）假，则得出龙是第一名、牛是最后一名。（2）是真实的，则狗第二名、猴子第六名。而（6）是假的，则猴子必然为第二名或第三名，相冲突，假设错误。

别的不再赘述，有兴趣的话，大家可以多推几遍。

349.击鼠标比赛

他们打不成平手，我们应该按击鼠标的间隔来算时间，菲菲用10秒击了9个间隔，小龙用20秒击了19个间隔，圆圆用5秒击了4个间隔。所以，他们击鼠标每个间隔所用的时间是：10/9，20/19，5/4即1.11，1.053，1.25。因此，小龙击鼠标的速度最快，小龙会最先击完40下鼠标。

350.雪地取火

小华用冰做成凸透镜，使太阳光通过凸透镜聚焦来引火。

351.卖年画

老张将年画混在一起出售时，不知不觉中改变了年画的价格。

老张在卖前60张的时候，第一种年画每张卖1/2元，第二种年画每张卖1/3元，可是当两种年画混在一起卖的时候，5张售价2元，这时每张年画卖2/5元。也就是说，第一种年画没有按原先的每张卖1/2来卖，而是以2/5的价格卖出去的。

1/2—2/5 = 1/10

通过上面的算式我们可以清楚地看出，

E每张损失1/10元的情况下，第一种年画卖完0张后一共损失了3元。

第二种年画的情况则刚好相反。当它和第一种年画混合出售时，每卖出1张就多赚了/15元，即：2/5 - 1/3 = 1/15，30张年画卖出总共多赚了2元。

这样，第一种年画损失了3元，第二种年画多赚了2元，合起来就是亏损了1元。

352.贴纸条猜数

36和108。

首先说出此数的人应该是二数之和的人，因为另外两个加数的人所获得的信息应该是均等的，在同等条件下，若一个推不出，另一个也应该推不出。（当然，我这里只是说这种可能性比较大，因为毕竟还有回答的先后次序问题，在一定程度上存在信息不平衡。）

另外，只有在第三个人看到另外两个人的数一样时，才可以立刻说出自己的数。

以上两点是根据题意可以推出的已知条件。如果只问了一轮，第三个人就说出144，那么根据推理，可以很容易得出另外两个是48和96，怎样才能让老师问了两轮才得出答案，这就需要进一步考虑：

A：36（36/152）B：108（108/180）C：144（144/72）

括弧内是该同学看到另外两个数后，猜测自己头上可能出现的数。现推理如下：

A和B先说不知道，理所当然，C在说不知道的情况下，可以假设如果自己是72的话，B在已知36和72的条件下，会这样推理——“我的数应该是36或108，但如果是36的话，C应该可以立刻说出自己的数，而C并没说，所以应该是，108！”然而，在下一轮，B还是不知道，所以，C可以判断出自己的假设是假，自己的数只能是144！

353.车内有多少人

共23人，21名乘客，1名司机和1名售票员。

354.几号房

答案为64。

不管莫斯有没有撒谎，先看3个问题的真假性有以下8种可能：小是是、小是否、小否是、小否否、大是是、大是否、大否是、大否否。

13~1300以内的平方数有：16、25、36、49、64、81、100、121、144、169、196、225、256、289、324、361、400、441、484、529、576、625、676、729、784、841、900、961、1024、1089、1156、1225、1296；13~1300以内的立方数有：27、64、125、216、343、512、729、1000；同时是立方数和平方数的为64、512和729。

显然，如果平方数和立方数的回答都是否的话，选择范围过大，不能猜出结果，排除小否否和大否否两种假设。别的假设：

小是是，有64一种可能；小是否，有16、25、36、49、81、100、121、144、169、196、225、256、289、324、361、400、441、484几种可能；小否是，有27、125、216、343几种可能；大是是，有512、729两种可能；大是否，有529、576、625、676、784、841、900、961、1024、1089、1156、1225、1296几种可能；大否是，有1000一种可能。

再根据最后一个条件，卡尔问到第二位数字是否是1，显然，他心中有“大是是”的假设，显然他认为是512，但是他的回答

又是错误的。从而我们可以知道号码应是64，既是平方数又是立方数，否则无法推出正确答案。

355.小猫与砝码

不管小猫怎样爬，爬得快也好，爬得慢也好，甚至是跳跃，小猫和砝码总是保持着面对面的位置。小猫不可能高于砝码也不可能低于砝码，甚至当它放开绳子，掉下来，再抓住绳子的时候也是如此。

356.囚徒分汤

甲先分成3碗汤；接着由乙来选，乙将自己认为最多和最少的2碗汤倒入罐内，再平分成2碗；最后由丙先选，其次是甲，再次是乙。

这种方法充分考虑到甲、乙、丙几个人的参与，同时兼顾了公平，不容易有矛盾。

357.钟表问题

11点55分。

在这个问题中，如果我们能够求出从客厅到卧室所需要的时间就可以确定英子应该把时间调到几点了，因为用8点50分加上1个半小时再加上从卧室到客厅的时间就是英子回到卧室的真实时间了。

已经知道英子离开客厅时为7点10分，到客厅时为11点50分，这之间的时间为280分钟，这280分钟包括英子在卧室的90分钟（即1个半小时）和两次走路的时间。这样，两次走路的时间就是190分钟。那么，从卧室到客厅所需要的时间就是95分钟。这样回到客厅的时间就是8点50分，加上1个半小时，再加上95分钟，当时的时间就应该是11点55分。

358.趣味推理

哈瑞点了果汁、三明治和土豆片。

先判断桌子两边坐在中间的人。杰克、莫菲、安娜在一边，简、哈瑞、露西在另一边，露西、杰克皆为中间位置。再根据别的条件，判断每个人所点的内容，显然哈瑞的没有定，必然点了果汁、三明治和土豆片。

359.马驮大米

假设大型马x匹、中型马y匹、小型马z匹，那么有：

$x + y + z = 100$

$3x + 2y + (1/2)z = 100$

所以$5x + 3y = 100$。所以必然y应该是5的倍数。

如果$y = 5$，则$x = 17$，$z = 68$

如果$y = 10$，则$x = 14$，$z = 76$

如果$y = 15$，则$x = 11$，$z = 74$

如果$y = 20$，则$x = 8$，$z = 72$

如果$y = 25$，则$x = 5$，$z = 70$

如果$y = 30$，则$x = 2$，$z = 68$

所以一共6种情况：大型马、中型马、小型马分别为：2、30、68或5、25、70或8、20、72或11、15、74或14、10、76或17、5、68。

360.烤面包

（1）不妨把3片面包记为甲、乙和丙。

第一步，在烤箱中放入甲和乙，烤30秒。

第二步，把甲在烤箱中翻个面，用丙替换乙，烤30秒。

第三步，把甲从烤箱中取出，把丙在烤箱中翻个面，把乙未烤的一面朝下，放入烤箱，烤30秒。

这样，1分半钟就烤完了3片面包。

（2）111秒。面包片烤制过程如下：

操作时间（秒）操作过程：

3（累计3）放入面包甲。

3（累计6）放入面包乙。

12（累计18）甲已烤了15秒（乙已烤了12秒）。

3（累计21）取出甲。

3（累计24）放入丙。

12（累计36）乙已完成烤制。

3（累计39）取出乙。

3（累计42）放入甲（未烤制的一面朝下）。

12（累计54）给乙抹黄油。（丙已烤好）

3（累计57）取出丙。

3（累计60）放入乙。

12（累计72）给丙抹黄油。（甲已烤好）

3（累计75）取出甲。

3（累计78）放入丙。

12（累计90）给甲抹黄油。（乙已烤好）。

3（累计93）取出乙。

3（累计96）放入甲（未烤制完的一面朝下）。

12（累计108）丙已完成烤制。

3（累计111）取出丙（此时，甲已完成烤制，但还留在烤箱内）。

361.验毒酒

20个。把这20个人分成10组，每组2个人，那么，从每一组中选出1个人组成一个10位的数组，一共有1024种组法。

那么，现在对酒编号并调好酒喂囚犯，每组死1个人，一共有1024种死法，每种死法对应1瓶酒有毒。

调酒方法：将酒的编号用二进制数表示，那么，只要10位二进制数就能表示所有的酒。现在，对于第一组人，将二进制数第一位为0的酒混合喂给第一个人，第一位为1的酒混合喂给第二个人。那么，根据死哪一个人，就能确定有毒的酒在第一位为多少的酒里。依此类推，这样就能确定哪一瓶酒有毒了。

362.轮流拿馒头

从游戏一开始，就要抢占30内“2”的间隔数，即“3”的倍数，并防止对方抢占。这个游戏从30起，“2”的间隔数为：27、24、21、18、15、12、9、6、3，所以游戏开始，对方如取1、2两个，你就取第3个，接着，对方取第4个，你就取第5、6两个。必须自始至终牢牢抓到这个制胜的关键数，而且不能取过了头。比如，对方取第7、8个，你只能取第9个，不能再取第10个，否则，对方取11、12两个，主动权，即关键数就被对方抢去，你就会由胜转败。

如下表：

最多取个数	争抢目标	间隔制胜的关键数	注
2个	30	27、24、21、18、15、12、9、6、3	3的倍数
3个	30	26、22、18、14、10、6、2	
4个	30	25、20、15、10、5	5的倍数
5个	30	24、18、12、6	6的倍数
6个	30	23、16、9、2	
7个	30	22、14、6	

363.如何等分

甲分未开封的酒2瓶，只剩下一半的酒3瓶，空瓶2瓶；乙分未开封的酒2瓶，只剩下一半的酒3瓶，空瓶 2 瓶；丙分未开封的酒3瓶，只剩下一半的酒1瓶，空瓶3瓶。

364.神奇的玻璃球

至少7次。

这道题与第315题类似，同样采用对半法测试。这里提供一种假设，50层不破，再测25、12层破，测6层，若6层破，再测3层，3层破，再测2层即可，计6次；若3层不破，则再测5层、4层即可。故为保证测试结束，至少测7次即可。

365.5束玫瑰花

姑娘们所得到的花束中，各色花朵的数量如下：

	黄	粉	白	红
丽丽	5	1	1	1
拉拉	2	1	3	2
阿莱	1	1	3	3
安妮	1	4	2	1
菲菲	1	3	1	3

366.报亭的钟

慢了5分钟。

小伟从家到报亭需要10分钟，显然当其到家时，报亭的钟为4点05分，推出报亭的钟慢了5分钟。